JN075360

イ・ヒョンジ／キム・リナ［著］

よくわかる

韓国語能力試験

TOPIK Ⅱ

読解 テキスト

スリーエーネットワーク

ISBN 978-4-88319-919-8　C0087
Printed in Japan

はじめに

　世界的に韓国の文化への関心が高まっています。多くの人が韓国の文化や旅行を楽しんでいる一方で、韓国の大学や大学院に進学する学生も年々増えており、韓国企業への就職を選ぶこともめずらしくありません。このような背景から、韓国語学習者が増加し、それにつれて韓国語能力試験（TOPIK）を受験する人も増えてきました。

　TOPIK 受験の対策書については、学習者を満足させるほど多様な教材はなく、特に、中・上級者のための読解パートの対策書は他の言語に比べても不足しているように思います。限られた時間の中で多くの問題を解かなければならない読解パートは、タイプ別、問題別の対策が必要ですが、それについて戦略的に詳しく分析された教材の必要性を常々感じていました。

　本書は、それらを解決する TOPIK Ⅱ 読解パートの対策書です。独学で学ぶ学習者はもちろんのこと、実際の授業現場で先生が TOPIK 対策の授業を行うことも想定し、学生にタイプ別、問題別の対策について段階的に教えることができるように構成されています。

　私たちは現職の韓国語講師として日々責任感をもって、TOPIK 受験の準備を行っている学習者を教えていますが、それと同じ気持ちで本書を執筆しました。実際の試験と同様、さまざまな主題の文章で構成するために、執筆には多くの時間を費やしました。本書が多くの学習者の役に立ち、TOPIK の授業に悩んでいる先生方の一助となれば幸いです。

2022 年 1 月
執筆者一同

目次

8つの問題タイプ

出題順　問題演習

表現リスト

本書について

1. 構成と内容

　本書は「韓国語能力試験（TOPIK）Ⅱ読解」の50問をタイプ別に分類し、難易度に応じて段階的に学習することができるように構成しています。「8つの問題タイプ」でどのようなタイプの問題が出題されるのかを把握し、「出題順　問題演習」で解答のポイントを学び、演習を行います。

2. 学習方法

8つの問題タイプ

　読解パートのさまざまなタイプの問題に応じた対策が示されています。「TOPIKⅡ読解」にはどのようなタイプの問題があるのか、過去問を通して傾向を把握します。過去問の「解説」や誤答の理由が書いている「間違いノート」を通じて、実践的に問題の解き方を学ぶことができます。

出題順　問題演習

　50題の問題について出題順に学んでいきます。 問題の種類・ポイント で問題を解くポイントを確認し、過去問でそのポイントを把握したら、それをしっかりと運用できるよう練習問題に取り組みましょう。読解パートの後半（問題28～）には、前半と同じタイプの問題が出てきますが、文章は長く、語彙や文法表現は難しくなり、難易度が上がっていきます。タイプが同じだからといって油断せず、丁寧に取り組みましょう。

表現リスト

　問題のタイプをきちんと把握できたとしても、選択肢の意味がわからなければ、解答することが難しい問題もあります。そのような問題への対策の助けになるよう、よく出てくる表現などをリストにしました。接続語、新聞記事の表現、慣用表現、感情を表す形容詞、人物の態度に関連した表現が収録されています。

3. 留意点

　本書は韓国Hangeul Park出版社から2022年に発行された〈COOL TOPIK Ⅱ읽기〉のPart 1（연습문제 以外の部分）、Part 2、Part 3を日本の読者向けに編集して発行するものです。日本語訳は、日本の読者向けに理解しやすいよう、元の韓国語の文から一部表現を変えているところがあります。

TOPIK（韓国語能力試験）について

1. 韓国語能力試験の目的
− 韓国語を母語としない在外同胞・外国人に対する韓国語学習の方向性の提示および韓国語の普及拡大
− 韓国語使用能力を測定・評価し、その結果を韓国内大学留学および就業等に活用

2. 受験対象者
韓国語を母語としない在外同胞・外国人のうち
− 韓国語学習者および韓国内大学への留学希望者
− 国内外の韓国企業および公共機関への就職希望者
− 外国の学校に在学中または卒業した在外国民

3. 主管機関
大韓民国教育部国立国際教育院

4. 試験の水準および等級
− 試験の水準：TOPIK I、TOPIK II
− 評価等級：6等級（1〜6級）

TOPIK I		TOPIK II			
1級	2級	3級	4級	5級	6級
80点以上	140点以上	120点以上	150点以上	190点以上	230点以上

5. 問題構成
1）水準別構成

試験水準	時間	領域／時間	形式	問題数	配点	配点総計
TOPIK I	1時間目	聞き取り（40分）	選択式	30	100	200
		読解（60分）	選択式	40	100	

試験水準	時間	領域／時間	形式	問題数	配点	配点総計
TOPIK Ⅱ	1時間目	聞き取り（60分）	選択式	50	100	300
		筆記（50分）	記述式	4	100	
	2時間目	読解（70分）	選択式	50	100	

2）問題形式

①選択式問題（四択）

②記述式問題（筆記領域）

・文章を完成させる問題（短い解答）：2問

・作文：2問

－中級レベルの200〜300字程度の説明文1問

－上級レベルの600〜700字程度の論述文1問

6. 等級別評価基準

評価等級		評価基準
TOPIK Ⅰ	1級	自己紹介・買い物・料理の注文など、生活に必要な基礎的な言語を駆使することができ、自分自身・家族・趣味・天気等、非常に身近な話題を理解し表現することができる。約800の基礎語彙と基本文法に対する理解をもとに、簡単な文を作ることができる。また、簡単な生活文や実用文を理解し、組み立てることができる。
	2級	電話・依頼など日常生活に必要な言語や、郵便局・銀行など公共施設の利用に必要な言語を駆使することができる。約1,500〜2,000の語彙を利用して、身近な話題について段落単位で理解し表現することができる。公式的な状況と非公式な状況での言語を使い分けることができる。

TOPIK Ⅱ	3級	日常生活を営むのに別段困難を感じず、各種公共施設の利用や社会的関係の維持に必要な基礎的言語を駆使することができる。 身近で具体的な題材はもちろん、自分に身近な社会的題材を段落単位で表現したり理解したりすることができる。 文語と口語の基本的特性を理解して使い分けることができる。
	4級	公共施設の利用や社会的関係の維持に必要な言語を駆使することができ、一般的な業務遂行に必要な言語をある程度駆使することができる。また、ニュース・新聞記事の比較的平易な内容を理解することができる。一般的な社会的・抽象的題材を比較的正確に理解し、流暢に使うことができる。 よく使われる慣用的表現や代表的な韓国文化に対する理解をもとに、社会・文化的な内容を理解し表現することができる。
	5級	専門分野における研究や業務遂行に必要な言語をある程度駆使することができ、政治・経済・社会・文化全般にわたり身近でない題材についても理解し表現することができる。 公式的・非公式的状況や、口語的・文語的状況に合わせて言語を適切に使い分けることができる。
	6級	専門分野における研究や業務遂行に必要な言語を比較的正確かつ流暢に駆使することができ、政治・経済・社会・文化全般にわたり身近でない話題についても理解し表現することができる。 ネイティブスピーカーの水準には及ばないものの、言語の駆使や意味表現には困難をきたさない。

8つの問題タイプ

タイプ① 正しい文法表現を選ぶ

〈タイプ①〉は提示された文の空欄に入る適切な文法表現や、下線部と置き換えられる文法表現を選ぶ問題です。下線部と最も似ているものや同じ意味のものを選ぶ問題では、多様な韓国語文法の知識が必要です。

〈タイプ①〉の質問項目

1 空欄に入る文法表現を選ぶ ［問題1−2］
2 下線部と似た文法表現を選ぶ ［問題3−4］

 こう対策しよう！

〈タイプ①〉は提示された文の主語と述語との関係や、下線部の語彙や文法表現を素早く正確に把握することが重要です。そのため、語彙や文法表現を学ぶ際には、類義関係・対義関係の語彙や文法表現も一緒に勉強しておくとよいでしょう。また、一文を読んで空欄に入る内容を推測する問題では、因果関係や時間の流れ、文の前半と後半のつながりが把握できるポイントとなる表現を知っておくことが重要です。

過去問で傾向を把握しよう!

1 空欄に入る文法表現を選ぶ [問題1-2]

1. (   )에 들어갈 가장 알맞은 것을 고르십시오.

휴대 전화를 (   ) 내려야 할 역을 지나쳤다.

① 보든지   ② 보다가   ③ 보려면   ④ 보고서

〈60회 TOPIKⅡ 읽기 기출문제〉

訳

1. (   ) に入る最も適切なものを選びなさい。

携帯電話を (   ) 降りる駅を通り過ぎた。

① 見るか   ② 見ていて   ③ 見るには   ④ 見てから

〈60回 TOPIKⅡ読解 過去問〉

解答・解説

問題1-2は空欄に入る適切な答えを選ぶタイプの問題である。提示されている文の「降りる駅（降りなければならない駅）を通り過ぎた」という部分を見て、文の前半に提示される内容によって、後の結果が起きたことがわかる。4つの選択肢の中で文の前半が後半の原因になりうる意味の文法表現は -다가（～ていて）なので正解は②である。

間違いノート

① -든지（～か）は2つの事実のうち1つを選ぶ意味で、「～なり、～なり」という表現である。

③ -(으)려면（～には、～ためには）は携帯電話を見るための条件を表すので、後ろには「そのためにやらなければならないこと」についての内容が来なければならない。

④ -고서（～てから）は携帯電話を見終わった後に続く反応や行動が後ろに来なければならない。

単語　□지나치다 通り過ぎる

13

3. 다음 밑줄 친 부분과 의미가 비슷한 것을 고르십시오.

계속 웃고 다니는 걸 보니 좋은 일이 있나 보다.
① 있는 척한다　　　　② 있을 뿐이다
③ 있을 지경이다　　　④ 있는 모양이다

〈52회 TOPIKⅡ 읽기 기출문제〉

訳

3. 次の下線を引いた部分と意味が似ているものを選びなさい。

ずっと笑っているのを見ると、いいことがあるようだ。
① あるふりをする　　　② あるだけだ
③ あるほどだ　　　　　④ あるみたいだ

〈52回 TOPIKⅡ読解 過去問〉

解答・解説

問題3–4は下線部と似ている文法表現または連結語尾を選ぶタイプの問題である。提示された文の中に -(으)니（〜ので）があるので、前半部分が後半部分を判断する根拠になっている。話者が見聞きしたことに基づいて推測する際に使う表現の -나 보다（〜ようだ）と類似した意味の文法表現は -는 모양이다（〜みたいだ）であるので、正解は④。

間違いノート

① 前半部分は後半部分の根拠となっているので、そのように行動するという意味の -는 척하다（〜ふりをする）は合わない。
② -(으)ㄹ 뿐이다（〜だけだ）は「いいことがある以外は、何もない」という意味になるので、推測の意味ではない。
③ -(으)ㄹ 지경이다（〜ほどだ／〜てたまらないほどだ）は否定的な内容と一緒に使われる表現であるため、答えにはならない。

単語　□지경이다 〜ほどだ

タイプ②　適切な主題を選ぶ

〈タイプ②〉は広告や案内文のような短い文や、人文、社会、科学といった幅広いテーマの文章の主題を選ぶ問題です。

〈タイプ②〉の質問項目

1 主題語を選ぶ［**問題5−8**］
2 主題文を選ぶ　1［**問題35−38**］
3 主題文を選ぶ　2［**問題44**］

 こう対策しよう！

〈タイプ②〉は、文章の全体的な内容を表す主題語または主題文を選ぶ問題です。文章の一部と合致することから正解のように見えても、文章全体の主題としては適切でない選択肢が誤答の選択肢として出されます。一部分だけを読んで答えを選ばないように注意しましょう。また、提示された文章をすべて読むことは大切ですが、細部の情報に気を取られ、文の流れを逃してしまわないように注意しましょう。

1 主題語を選ぶ［問題5-8］

6. 다음은 무엇에 대한 글인지 고르십시오.

신선한 재료! 부담 없는 가격!
가족 모임, 단체 환영

① 은행　　② 식당　　③ 세탁소　　④ 편의점

〈52회 TOPIK Ⅱ 읽기 기출문제〉

訳

6. 次は何に関する文であるのか選びなさい。

新鮮な材料！ お手頃価格！
ご家族の集まり、団体歓迎

① 銀行　　② 食堂　　③ クリーニング店　　④ コンビニ

〈52回 TOPIK Ⅱ 読解 過去問〉

解答・解説

問題5-8は、広告や案内文などを読んで適切な主題語を選ぶタイプの問題である。選択肢を見ると、すべて場所に関連した単語であり、「新鮮な材料」、「ご家族の集まり」などのキーワードから、②が正解であることがわかる。

間違いノート

①・③・④「銀行」「クリーニング店」「コンビニ」は「家族の集まり」や「団体」との関連性がないので正解から除外される。

単語　□신선하다 新鮮だ　□부담 負担　□모임 集まり、集い
　　　□단체 団体　□환영 歓迎

2 主題文を選ぶ 1 〔問題35-38〕 とある上部に記載

38. 다음 글의 주제로 가장 알맞은 것을 고르십시오.

사과를 할 때 진심 없이 건성으로 하는 사람들이 있다. 또한 어떤 사람들은 사과를 할 때 선한의도로 행한 것이었음을 강조하면서 행위에 대한 책임을 회피하려고 한다. 하지만 사과는 어떤 일의 결과에 책임을 지는 행위가 되어야 한다. 의도가 선한 것이었든 악한 것이었든 자신의 행위가 상대방에게 고통을 주었다면 그에 대한 책임을 져야 진정한 사과가 되는 것이다. 사과를 하는 사람들이 먼저 알아야 하는 것이 바로 이것이다.

① 일의 결과를 책임지는 것이 진정한 사과이다.
② 잘못을 해도 의도가 선하다면 용서를 해야 한다.
③ 사과는 잘못을 반복하지 않기 위해 하는 것이다.
④ 악의적인 의도로 상대방에게 고통을 주면 안 된다.

〈52회 TOPIK II 읽기 기출문제〉

訳

38. 次の文章の主題として最も適切なものを選びなさい。

謝罪をする時、心からではなく、適当に謝る人がいる。また、ある人は謝罪をする時、善良な意図で行ったことであると強調しながら、行為に対する責任を回避しようとする。しかし、謝罪はある物事の結果に責任を負う行為とならなければならない。意図が善良であれ悪であれ、自分の行為が相手に苦しみを与えたとすれば、それに対する責任を負ってこそ真の謝罪となるのだ。謝罪する人たちがまず知っておかなければならないことがまさにこのことである。

① 物事の結果に責任を負うのが、真の謝罪である。
② 過ちを犯しても意図が善良なら許すべきである。
③ 謝罪は過ちを繰り返さないためにすることである。
④ 悪意のある意図で相手に苦しみを与えてはいけない。

〈52回TOPIK II 読解 過去問〉

問題35-38は、文章を読んで適切な主題文を選ぶタイプの問題である。文章で、「謝罪はある物事の結果に責任を負う行為」とならなければならず、これは謝罪する人が「まず知っておかなければならないこと」だと強調していることから、「責任を前提とする謝罪」がこの文章の主題となる。したがって正解は①。

間違いノート

② 意図の善悪にかかわらず、自分の行為に責任を負わなければならないとあるので誤答。

③ 「謝罪は責任を負う行為」という文章の内容を含まないので正解ではない。

④ 文章の内容が一部含まれているが、文章全体を網羅するテーマではないので誤答である。

単語　　□진심 本気、真心　□건성 不真面目　□선하다 善良だ
　　　　□의도 意図　□행하다 行う　□강조하다 強調する　□행위 行為
　　　　□회피하다 回避する、避ける

3 主題文を選ぶ 2 ［問題44］

44. 다음 글의 주제로 알맞은 것을 고르십시오.

원고 마감이 임박하거나 시험공부 시간이 부족하면 사람은 본능적으로 놀라운 집중력을 발휘한다. 그래서 시간 부족 상태가 되어야만 일을 효율적으로 할 수 있다고 믿는 사람들이 많다. 그러나 효율성만 믿고 (　　　) 것은 어리석은 일이다. 시간에 쫓기면 사람들은 한 가지에만 집중할 뿐 그 외에 다른 것에는 주의를 기울이지 못하게 되기 때문이다. 이런 상황은 실제로 상당히 위험할 수 있다. 단적인 예로 소방관들은 구조 현장으로 이동하는 과정에서 안전벨트를 매지 않아 사고를 당하는 경우가 매우 많다. 일초가 급한 상황에서 인명 구조에만 집중한 나머지 차 문을 닫거나 안전벨트를 채우는 기본적인 일을 잊어서 생긴 결과이다. 이처럼 시간적 여유가 부족해지면 집중했던 일은 성공적으로 처리할 수 있겠지만 나머지 많은 것들은 놓칠 수 있다.

① 인간의 집중력은 시간적인 제약이 많을수록 높아진다.
② 인간에게 시간 부족은 효율적인 일 처리의 원동력이 된다.
③ 단시간 내에 일을 처리해도 성공적으로 일을 마칠 수 있다.
④ 시간 부족은 인간의 시야를 좁혀 부정적인 영향을 미칠 수 있다.

〈60회 TOPIKⅡ 읽기 기출문제〉

訳

44. 次の文章の主題として適切なものを選びなさい。

　原稿の締め切りが迫っていたり、試験勉強の時間が足りなかったりすると、人は本能的に驚くべき集中力を発揮する。そのため、時間不足の状態になってこそ仕事が効率的にできると信じる人が多い。しかし、効率性だけを信じて（　　　）のは愚かなことである。時間に追われると、人々は一つのことに集中するだけで、その他のことには注意を払うことができないからである。このような状況は、実際かなり危ないかもしれない。端的な例として、消防士は救助現場に移動する途中でシートベルトを着用しなかったことで事故に遭う場合が非常に多い。寸秒を争う状況で人命救助だけに

集中したあまり、車のドアを閉めたり、シートベルトを着けたりという基本的なことを忘れることによって生じた結果である。このように時間的余裕がなくなると、集中していたことはうまく処理できるだろうが、残りの多くのことは見逃しかねない。

① 人間の集中力は時間的な制約が多いほど高まる。
② 人間にとって時間不足は効率的な仕事の処理の原動力になる。
③ 短時間で仕事を処理しても成功裏に仕事を終えることができる。
④ 時間不足は人間の視野を狭め、否定的な影響を及ぼしかねない。

〈60回 TOPIK Ⅱ 読解 過去問〉

解答・解説

問題44は35-38と同様に、文章を読んで適切な主題文を選ぶタイプの問題であるが、文章がより長くなり、上級レベルの文法表現と語彙が提示される。文章の内容は、短時間で時間に追われて仕事を処理することは望ましくなく、十分な時間をかけてミスなく仕事を処理しなければならないことを強調している。したがって、時間的に不十分な中で仕事を処理しようとする時に発生しうる問題点について言及している④が正解。

間違いノート

① ・ ② 差し迫った状況で仕事をすることについて否定的な筆者の意見と反対になるため、文章の内容と合わない。
③ 短時間で仕事を処理しようとすると、他のことに注意を払うことができなくなるという本文の内容と合わない。

単語　□마감 締め切り　□임박하다 差し迫る　□본능적 本能的
　　　□발휘하다 発揮する　□효율적 効率的　□어리석다 愚かだ
　　　□제약 制約

タイプ③　文章と同じ内容を選ぶ

〈タイプ③〉は資料や文章を読み、4つの選択肢の中からその内容と一致するものを選ぶことで、資料や文章の内容を正確に理解したかを確認するタイプの問題です。このタイプに該当する問題は、9-12、20、24、32-34、43、47です。9-12は文や図表などの多様な資料、32-34は語彙の難易度が高い説明文形式の文章を読みます。20、47は論説文や説明文、24、43は小説やエッセイなどの文学作品で、これらは他のタイプの問題と一緒に出題されます。

〈タイプ③〉の質問項目

① 資料の内容と一致するものを選ぶ ［問題9-12］
② 文章の内容と一致するものを選ぶ 1 ［問題20］
③ 文章の内容と一致するものを選ぶ 2 ［問題24］
④ 文章の内容と一致するものを選ぶ 3 ［問題32-34］
⑤ 文章の内容と一致するものを選ぶ 4 ［問題43］
⑥ 文章の内容と一致するものを選ぶ 5 ［問題47］

こう対策しよう！

〈タイプ③〉は、文章全体を丁寧に読むのではなく、大まかな内容を素早く把握し、選択肢に目を向けながら正解を選ぶのに必要な内容を文章から探して解答するとよいでしょう。また、文章の種類別によく出題される頻出語彙をしっかり把握しておき、問題を解く時間を短縮できるようにしましょう。

8つの問題タイプ

タイプ③

21

1 資料の内容と一致するものを選ぶ〔問題9-12〕

9. 다음 글 또는 그래프의 내용과 같은 것을 고르십시오.

인주시 캠핑장 이용 안내

- **이용 기간**: 3월~11월
- **이용 방법**: 홈페이지 (www.injucamp.com)에서 예약
  ※당일 예약 불가
- **이용 요금**

기준	평일	주말
1박 2일	30,000원	35,000원
	주차장, 샤워장 이용료 포함	

- **문의**: 캠핑장 관리사무소 031)234-1234

① 주말에는 이용 요금을 더 받는다.
② 캠핑장은 1년 내내 이용할 수 있다.
③ 예약은 이용 당일 홈페이지에서 하면 된다.
④ 주차장을 이용하려면 돈을 따로 내야 한다.

〈60회 TOPIK Ⅱ 읽기 기출문제〉

訳

9. 次の文章またはグラフの内容と一致するものを選びなさい。

仁州市キャンプ場利用案内

- **利用期間**：3月～11月
- **利用方法**：ホームページ（www.injucamp.com）で予約
  ※当日予約不可

- 利用料金

基準	平日	週末
1泊2日	30,000ウォン	35,000ウォン
	駐車場、シャワールーム利用料込み	

- お問い合わせ：キャンプ場管理事務所031)234-1234

① 週末は利用料金をさらに取る。
② キャンプ場は一年中利用できる。
③ 予約は利用当日ホームページで行えばいい。
④ 駐車場を利用するには料金を別途払わなければならない。

〈60回TOPIK Ⅱ読解 過去問〉

解答・解説

問題9-12は資料を見て一致する内容を選ぶタイプの問題である。①の選
択肢の文は、週末は利用料金をさらに取るとあり、資料に「平日：30,000
ウォン、週末：35,000ウォン」と書いてあるので、正解は①。

間違いノート

② キャンプ場は一年中利用できるという内容。資料から「12月から2月
　までは利用できない」とわかるため、一致しない。
③ 利用当日の予約をホームページで行えばいいという内容。資料には「当
　日予約不可」と書いてある。
④ 駐車場を利用するには料金を別途払わなければならないという内容。
　資料には利用料金に駐車場、シャワールーム利用料が含まれていると
　書いてある。

単語　□당일 当日　□불가 不可　□기준 基準　□포함 込み
　　　□문의 問い合わせ

20. 이 글의 내용과 같은 것을 고르십시오.

시각 장애인의 안내견은 주인과 있을 때 행인에게 관심을 두지 않는다.
(   ) 안내견이 주인을 남겨 두고 행인에게 다가간다면 이는 주인이
위험에 처해 있다는 뜻이다. 안내견은 주인에게 문제가 발생하면 곧장 주
변 사람에게 달려가 도움을 요청하도록 훈련을 받기 때문이다. 안내견이
행인의 주위를 맴돌면 안내견을 따라가 주인의 상태를 확인하고 구조 센터
에 연락해야 한다.

---

① 안내견이 주인 곁을 떠나는 경우는 없다.
② 안내견은 문제가 생기면 구조 센터로 달려간다.
③ 안내견이 다가오는 것은 위급한 상황이 생겼다는 뜻이다.
④ 안내견은 항상 주변의 사람들에게 관심을 갖도록 훈련을 받는다.

〈60회 TOPIK Ⅱ 읽기 기출문제〉

訳

20. この文章の内容と一致するものを選びなさい。

　視覚障害者の盲導犬は飼い主といる時、通行人に関心を持たない。
(   ) 盲導犬が飼い主を残しておいて通行人に近づいたら、これは
飼い主が危険にさらされているという意味である。盲導犬は飼い主にトラ
ブルが発生した場合、すぐに周りの人に駆けつけて助けを求めるように訓
練を受けているからである。盲導犬が通行人の周りをぐるぐる回ったら（通
行人は）、盲導犬についていき、飼い主の状態を確認して、救助センター
に連絡しなければならない。

① 盲導犬が飼い主のそばを離れることはない。
② 盲導犬はトラブルが生じた場合、救助センターに駆けつける。
③ 盲導犬が近づいてくることは、緊急事態が発生したという意味である。
④ 盲導犬は常に周りの人に関心を持つように訓練される。

〈60回 TOPIK Ⅱ 読解 過去問〉

解答・解説

問題**20**は短い説明文の内容と一致するものを選ぶタイプの問題である。提示された文章で、盲導犬が飼い主を残しておいて通行人に近づいたら、これは飼い主が危険にさらされているという意味だとあるため、③が正解である。（危険にさらされている＝緊急事態）

間違いノート

① 盲導犬は飼い主にトラブルが発生すると、すぐに周りの人に駆けつけて助けを求めるように訓練を受けているため、飼い主のそばを離れる場合がある。

② 盲導犬は飼い主にトラブルが発生すると、すぐに周辺の人に駆けつけて助けを求めるように訓練を受けており、救助センターに直接駆けつけるのではない。

④ 盲導犬は飼い主といる時、通行人に関心を持たないと述べられている。また、空欄の後ろに「通行人に近づいたら、これは飼い主が危険にさらされているという意味である」と述べられているが、これは緊急時に限ったことで、「常に」関心を持っているわけではない。

単語 □시각 장애인 視覚障害者 □행인 通行人 □위험 危険
□곧장 直ちに □요청하다 要請する □훈련 訓練
□맴돌다 ぐるぐる回る □상태 状態 □구조 救助
□위급하다 緊急状態だ

25

24. 이 글의 내용과 같은 것을 고르십시오.

> 고향에 사는 아버지가 오랜만에 우리 집에 오셨다. 나는 남편과 함께 아버지와 이런저런 이야기를 나누며 거실에 앉아 있었다. 그때 갑자기 남편이 아버지를 모시고 영화관에 가자고 했다. 그 말에 나는 "영화관은 무슨? 아버지는 어둡고 갑갑해서 영화관 가는 거 안 좋아하셔." 하고 내뱉었다. 그래도 아버지에게 슬쩍 "영화 보러 가실래요?" 하고 물었는데 손사래를 치실 것 같던 아버지는 그저 가만히 계셨다. 그 순간 나는 아버지의 마음을 읽을 수 있었다. 나는 왜 아버지가 영화관에 가는 것을 안 좋아하실 거라고 생각했을까. 지금껏 내 기준에서 판단한 일들이 얼마나 많을까 생각하니 마음이 무거워졌다. 영화관에 갈 준비를 하며 옷도 살피고 모자도 쓰고 벗기를 반복하시는 아버지의 얼굴에는 미소가 가득했다. 그런 아버지를 보며 나는 앞으로 아버지가 무엇을 좋아하시는지 관심을 가지기로 했다.

① 나는 아버지와 자주 영화를 보러 다녔다.
② 아버지는 내 질문에 아무 말도 하지 않았다.
③ 아버지는 영화를 보러 가기 위해 우리 집에 왔다.
④ 나는 아버지가 외출 준비하는 모습이 마음에 들지 않았다.

〈60회 TOPIK Ⅱ 읽기 기출문제〉

訳

24. この文章の内容と一致するものを選びなさい。

　故郷に住んでいる父が久しぶりに我が家に来た。私は夫と一緒に父とあれこれ話しながら居間に座っていた。その時、突然夫が父を連れて映画館に行こうと言った。その言葉に私は「映画館って？ 父は暗くて窮屈だから映画館に行くのって好きじゃないの。」と言い放った。それでも父にそっと「映画を見に行きませんか？」と尋ねたら、手を横に振り否定するだろうと思っていた父はただ何も言わずじっとしていた。その瞬間、私は父の心を読むことができた。私はどうして父が映画館に行くのが好きではないと思ったのだろうか。今まで私の基準で判断したことがどれだけ多いかと

思うと、気が重くなった。映画館に行く準備をしながら身だしなみも整えて、帽子もかぶって脱ぐことを繰り返す父の顔には笑みが溢れていた。そんな父を見て、私はこれから父は何が好きなのか関心を持つことにした。

① 私は父としょっちゅう映画を見に行っていた。

② 父は私の質問に対し何も言わなかった。

③ 父は映画に行くために我が家に来た。

④ 私は父が外出の準備をする姿が気に入らなかった。

〈60回 TOPIK Ⅱ 読解 過去問〉

解答・解説

問題24は小説、エッセイなどの文学作品の内容と一致するものを選ぶタイプの問題である。文章の中で「父に『映画を見に行きませんか？』と尋ねたら、手を横に振り否定すると思っていた父は何も言わずじっとしていた」と述べられているため、②が正解である。

間違いノート

① 「その言葉に私は『映画館って？ 父は暗くて窮屈だから映画館に行くのって好きじゃないの。』と言い放った」という内容から、「しょっちゅう映画を見に行くことはなかった」ことがわかる。

③ 「その時、突然夫が父を連れて映画館に行こう」とあるので、父が映画を見に行くために家に来たわけではない。

④ 外出の準備をする父を見て「私はこれから父は何が好きなのか関心を持つことにした」とあるので、選択肢の内容と合わない。

単語　□모시다（目上の人を）連れて行く　□갑갑하다 窮屈だ

　　　□내뱉다 吐き出す　□슬쩍 そっと

　　　□손사래를 치다（断る際に）手を広げて横に振り否定する行動

　　　□가만히 じっと　□지금껏 今まで　□기준 基準　□판단 判断

　　　□반복하다 繰り返す　□미소 微笑　□가득하다 いっぱいだ

4 文章の内容と一致するものを選ぶ 3〔問題32-34〕

32. 다음을 읽고 내용이 같은 것을 고르십시오.

하루살이는 하루밖에 못 살 정도로 수명이 짧다고 해서 붙은 이름이다. 그러나 하루살이 애벌레는 성충이 되기 위해 약 1년을 물속에 가라앉은 나뭇잎 등을 먹고 살지만 성충이 되면 입이 퇴화한다. 이런 까닭에 성충은 애벌레 때 몸속에 저장해 둔 영양분을 소모할 뿐 따로 먹이를 섭취하지 못한다.

① 하루살이의 수명은 하루를 넘지 않는다.
② 하루살이는 성충이 되는 데 1~2주 정도 걸린다.
③ 하루살이 성충은 애벌레 때 저장한 영양분으로 산다.
④ 하루살이의 입은 성충이 되면서 기능이 더욱 발달한다.

〈60회 TOPIK Ⅱ 읽기 기출문제〉

訳

32. 次を読んで内容が同じものを選びなさい。

カゲロウは1日しか生きられないほど寿命が短いことから付けられた名前である。しかし、カゲロウの幼虫は成虫になるために約1年を水中に沈んでいる木の葉などを食べて生きているが、成虫になると口が退化する。このような理由で、成虫は幼虫の時に体内に保存しておいた栄養分を消費するだけで、他に餌を摂取することはできない。

① カゲロウの寿命は1日を超えない。
② カゲロウは成虫になるのに1～2週程度かかる。
③ カゲロウの成虫は幼虫の時に保存した栄養分で生きる。
④ カゲロウの口は成虫になり、機能がさらに発達する。

〈60回TOPIK Ⅱ 読解 過去問〉

解答・解説

問題32-34は難易度の高い語彙および文型で構成された説明文を読んで内容が一致するものを選ぶタイプの問題である。「成虫は幼虫の時に体内に保存しておいた栄養分を消費するだけで、他に餌を摂取することはできない」という文章の内容から、③が正解。

間違いノート

① 文章で「しかし、カゲロウの幼虫は〜約1年を水中で生きる」という内容からカゲロウの寿命は1日を超えることがわかる。

② 「成虫になるために約1年を水中で生きる」という内容があるため、一致しない。

④ 文章で「カゲロウの幼虫は〜成虫になると口が退化する」という内容があることから、口の機能は発達しない。

単語　□하루살이 カゲロウ：하루살이 は 하루（1日）살다（生きる）という意味　□수명 寿命　□애벌레 幼虫　□성충 成虫　□가라앉다 沈む　□퇴화 退化　□까닭 理由、訳　□저장하다 保存する　□영양분 栄養分　□섭취 摂取

어머니와 아버지가 프랜차이즈 빵집을 연다고 했을 때, 주영은 언젠가는 두 사람이 자기를 가게로 부를 것임을 알았다. 그러나 여름에 있을 지방직 9급 시험일까지는 기다려 줄 줄 알았다. (중략)

실제로 벌어진 일은 그런 예상과는 전혀 달랐다. 부모님이 주영에게 빵집으로 나와 일하라는 말을 한 것은 가게 문을 정식으로 연 당일 오후였다. 어머니는 주영에게 전화를 걸어 이렇게 말했다.

네가 우리 가족 맞냐?

그러고는 바로 전화를 끊어 버렸다. (중략)

매장은 사람들로 북적였다. 개장 기념으로 식빵을 반값에 팔고, 어떤 제품을 사든지 아메리카노를 한 잔 무료로 제공하는 행사를 벌이는 중이었다. 프랜차이즈 본사에서 나온 지원 인력들이 손님을 맞고 질문에 답변하고 카드를 받고 계산을 했다. 아버지와 어머니는 하인들처럼 겁먹은 눈으로 예, 예, 굽실거리며 지원 인력들의 지시에 따랐다.

주영의 아버지와 어머니는 카드 결제조차 제대로 하지 못했다. 빵에는 바코드가 없었다. 제품이 어느 카테고리에 속하는지, 이름이 뭔지를 전부 외워야 단말기에 가격을 입력할 수 있었다. 아버지는 단말기 옆에서 빵을 봉투에 담으며 로프, 캉파뉴, 치아바타, 푸가스 같은 낯선 이름들을 외우려 애썼다.

43. 위 글의 내용과 같은 것을 고르십시오.
① 빵 가게는 개업식 날 손님이 많지 않았다.
② 주영은 시험을 마치자마자 부모님께 연락을 받았다.
③ 아버지는 여러 종류의 빵 이름을 모두 알고 있었다.
④ 부모님은 긴장한 채로 본사 직원이 시키는 일을 했다.

〈60회 TOPIK II 읽기 기술문제〉

訳

　母と父がフランチャイズのパン屋を開業すると言った時、ジュヨンはいつかは２人が自分を店に呼ぶだろうとわかっていた。しかし、夏にある地方公務員９級の試験日までは待ってくれると思っていた。（中略）

　実際に起きたことは、そのような予想とは全く違っていた。両親がジュヨンにパン屋に出て仕事をしろと言ったのは、店を正式にオープンした当日の午後だった。母はジュヨンに電話をかけてきて、こう言った。

　あなたはうちの家族じゃないの？

　それを言って、すぐに電話を切ってしまった。（中略）

　店の中は人々でにぎわっていた。オープン記念で食パンを半額で販売し、どんな製品を買ってもアメリカーノを一杯無料で提供するイベントを行っている最中だった。フランチャイズの本社から来た支援スタッフが客を迎えて質問に答え、クレジットカードを受け取って会計をした。父と母は使用人のように怯えた目で「はい、はい」とぺこぺこしながら支援に来たスタッフの指示に従った。

　ジュヨンの父と母はクレジットカード決済さえまともにできなかった。パンにはバーコードがなかった。製品がどのカテゴリーに属するのか、名前が何かを全部覚えてこそ端末機に価格を入力することができるようになっていた。父は端末機のそばでパンをレジ袋に入れながらコテージローフ、カンパーニュ、チアバター、フーガスのような、なじみのない名前を覚えようと頑張っていた。

43. 上の文章の内容と一致するものを選びなさい。

① パン屋は開業式の日に、客が多くなかった。

② ジュヨンは試験が終わるやいなや両親から連絡を受けた。

③ 父はあらゆる種類のパンの名前をすべて知っていた。

④ 両親は緊張したまま本社の従業員に言われたことをした。

〈60回TOPIK Ⅱ 読解　過去問〉

解答・解説

問題**43**は比較的難易度の高い語彙や文型で構成された長い文学作品を読んで、同じ内容の文を選ぶタイプの問題である。文章の「父と母は使用人の

ように怯えた目で『はい、はい』とぺこぺこしながら支援に来たスタッフの指示に従った」という内容が、「両親は緊張したまま本社の従業員に言われたことをした」という④の選択肢の内容と一致することが確認できる。

間違いノート

① 文章内に「店の中は人々でにぎわっていた」という内容があることから、店には客がたくさんいた。

② 文章の「地方公務員9級の試験日までは待ってくれると思っていた。実際に起きたことは、そのような予想とは全く違っていた。〜店を正式にオープンした当日の午後だった。」という内容から、ジュヨンが試験日よりも前に連絡を受けたということが推測できる。

③ 「父は端末機のそばでパンをレジ袋に入れながら〜なじみのない名前を覚えようと頑張っていた」という内容があることから、パンの名前をすべて知っていたわけではないことがわかる。

単語　□예상 予想　□북적이다 賑わう、込み合う
　　　□제공하다 提供する　□본사 本社　□굼실거리다 ぺこぺこする
　　　□입력하다 入力する　□낯설다 慣れていない　□애쓰다 頑張る

47. 글의 내용과 같은 것을 고르십시오.

　우주는 지구와 환경이 상이해 지구에서 쓰는 방법으로는 쓰레기를 수거하기가 어렵다. 처음에는 작살과 같이 물리적인 힘을 이용해서 쓰레기를 찍을 수 있는 도구가 거론되었다. (　㉠　) 이 때문에 테이프나 빨판같이 접착력이 있는 도구를 사용하자는 제안도 나왔다. (　㉡　) 점성이 강한 테이프의 경우는 우주에서의 극심한 온도 변화를 견디지 못했으며 빨판은 진공 상태에서는 소용이 없었다. (　㉢　) 그런데 최근 한 연구진이 도마뱀이 벽에 쉽게 달라붙어 떨어지지 않는 것에서 영감을 받아 접착력이 있는 도구를 개발하는 데 성공했다. (　㉣　) 도마뱀의 발바닥에 있는 수백만 개의 미세한 털들이 표면에 접촉할 때 생기는 힘을 응용한 것이다.

① 테이프는 우주의 온도 변화 때문에 점성을 잃었다.
② 작살은 접착력을 이용한 도구의 좋은 대안이 되었다.
③ 우주에서 쓰레기를 처리하는 방법은 지구와 유사하다.
④ 접착력을 이용한 쓰레기 수거 방법은 결국 성공하지 못했다.

〈60회 TOPIK Ⅱ 읽기 기출문제〉

訳

47. 文章の内容と一致するものを選びなさい。

　宇宙は地球と環境が異なっていて、地球で用いる方法ではゴミを回収することは難しい。最初は銛(もり)のような物理的な力を利用してゴミを突き刺すことができる道具が議論された。(　㉠　) このため、テープや吸盤のような接着力のある道具を使おうという提案も出た。(　㉡　) 粘度が強いテープの場合、宇宙での激しい温度変化に耐えきれず、吸盤は真空状態では役に立たなかった。(　㉢　) ところが最近、ある研究チームがトカゲが壁に簡単にくっついて落ちないことからインスピレーションを受け、接着力のある道具を開発することに成功した。(　㉣　) トカゲの足裏にある数百万個の微細な毛が表面に接触する際に生じる力を応用したのだ。

① テープは宇宙の温度変化のため粘度を失った。
② 銛は接着力を利用した道具の良い代案となった。
③ 宇宙でゴミを処理する方法は地球と似ている。
④ 接着力を利用したゴミ回収方法は結局成功しなかった。

〈60回 TOPIK Ⅱ読解 過去問〉

解答・解説

問題47は32-34より難易度の高い語彙や文型で構成された説明文であり、ところどころに空欄のある完全な文章ではないため、文章を読んで内容が一致するものを選ぶのが難しいタイプの問題である。文章の「粘度が強いテープの場合、宇宙での激しい温度変化に耐えきれず〜」という内容から「テープは宇宙の温度変化のため粘度を失った」という①の選択肢の内容が一致することが確認できる。

間違いノート

② 文章の中で「銛のような物理的な力を利用してゴミを突き刺すことができる道具が議論された。」「テープや吸盤のような接着力のある道具を使おうという提案も出てきた。」と言っているので、銛ではなくテープや吸盤が接着力を利用した道具の良い代案になったことがわかる。

③ 文章の中で「宇宙は地球と環境が異なっていて、地球で用いる方法ではゴミを回収することは難しい」と言っているので、誤答となる。

④ 文章で「最近、ある研究チームがトカゲが壁に簡単にくっついて落ちないことからインスピレーションを受け、接着力のある道具を開発することに成功した」と言っている。

単語　□**상이하다** 異なっている　□**수거하다** 回収する　□**빨판** 吸盤
　　　□**접착력** 接着力　□**견디다** 耐える　□**진공** 真空
　　　□**미세하다** 微細だ　□**유사하다** 類似している

タイプ④ 文を順番に並べる

〈タイプ④〉は文の順序を並び替えたり、〈例〉の文を文章の適切な箇所に入れたりすることで、文章の流れをよく把握しているかを確認するタイプの問題です。このタイプに該当する問題には13-15、39-41、46があります。このタイプの問題を効率的に解くためには、繰り返し使われる語彙をキーワードとして各文の関係を把握しなければなりません。また、文章の順序の特徴をよく把握しなければなりません。

〈タイプ④〉の質問項目

1 提示されている文を順番に並べる ［問題13-15］
2 適切な箇所に〈例〉の文を入れる 1 ［問題39-41］
3 適切な箇所に〈例〉の文を入れる 2 ［問題46］

 こう対策しよう！

〈タイプ④〉の文を順番に並べる問題では、冒頭の文によく使われる表現、助詞、指示語を手がかりに、まず最初に来る文を探しましょう。〈例〉の文が提示される問題の場合は、全体の内容を把握した後に〈例〉の文の主語、助詞および指示語、接続語を手がかりに他の文との関係を素早く把握する必要があります。

過去問で傾向を把握しよう!

1 提示されている文を順番に並べる［問題13-15］

---

13. 다음을 순서대로 맞게 배열한 것을 고르십시오.

(가) 환경 보호를 위해 포장 없이 내용물만 판매하는 가게가 있다.

(나) 사람들이 용기에 든 물품을 사려면 빈 통을 준비해 가야 한다.

(다) 빈 통이 없는 사람들에게는 가게에서 통을 대여해 주기도 한다.

(라) 이 가게에서는 밀가루나 샴푸 등을 커다란 용기에 담아 놓고 판매한다.

① (가)-(나)-(라)-(다)　　② (가)-(라)-(나)-(다)

③ (나)-(가)-(라)-(다)　　④ (나)-(다)-(가)-(라)

〈60회 TOPIK II 읽기 기출문제〉

訳

13. 次を正しい順序に並べているものを選びなさい。

(가) 環境保護のために包装せず、中身だけを販売する店がある。

(나) 容器に入った品物を買うには空き容器を用意しなければならない。

(다) 空き容器のない人には店で容器を貸してくれたりもする。

(라) この店では小麦粉やシャンプーなどを大きな容器に入れておき、販売している。

① (가)-(나)-(라)-(다)　　② (가)-(라)-(나)-(다)

③ (나)-(가)-(라)-(다)　　④ (나)-(다)-(가)-(라)

〈60回 TOPIK II 読解 過去問〉

解答・解説

問題13-15は提示された文を適切な順序に並べるタイプの問題である。提示された文から主語と述語、助詞、接続語などを手がかりに最初の文を探し、4つの選択肢の文の配列順序を考えるのがよい。上の問題は選択肢の配列順序から (가) または (나) で始まることが確認できる。答えではないものを消去しながら答えを探ると、正しい順序に並んでいるのは②である。

間違いノート

① （라）は「この店では～」で文が始まるが、（라）の文の前に指示語 이（この）が指す「店」のことがなければならないので、前の文には（나）ではなく（가）の文が来なければならない。

③・④ （가）は「店」について紹介する内容、（나）は人々が店で品物を買う時に準備していかなければならないことについての内容であるため、（가）で話を始めるのが適切である。

単語　□환경 環境　□보호 保護　□포장 包装　□내용물 中身
　　　□판매하다 販売する　□용기 容器　□대여하다 貸し出しする
　　　□커다랗다 大きい

39. 〈보기〉의 글이 들어가기에 가장 알맞은 곳을 고르십시오.

도시의 거리는 온통 상점으로 가득 차 있다. (㉠) 하지만 상점은 거리에 활력을 불어넣어 걷고 싶은 거리를 만드는 데 중요한 역할을 한다. (㉡) 상점은 단순히 물건을 파는 공간이 아니라 보행자들에게 볼거리와 잔재미를 끊임없이 제공하는 거대한 미술관이 되어 준다. (㉢) 또 밤거리를 밝히는 가로등이며 보안등이자 거리의 청결함과 쾌적함을 지켜주는 파수꾼이 되기도 한다. (㉣)

─── 보기 ───
상업적 공간으로 채워진 거리를 보며 눈살을 찌푸리는 이들도 많다.

① ㉠   ② ㉡   ③ ㉢   ④ ㉣

〈60회 TOPIKⅡ 읽기 기출문제〉

訳

39. 〈例〉の文が入るのに最も適切な箇所を選びなさい。

都会の街は一面商店でいっぱいだ。（ ㉠ ）しかし、商店は街に活力を吹き込み、歩きたい街を作るのに重要な役割を果たす。（ ㉡ ）商店は単に品物を売る空間ではなく、歩行者に見どころとちょっとした楽しみを絶え間なく提供する巨大な美術館になってくれる。（ ㉢ ）また、夜の街を照らす街灯であり、防犯灯であり、街の清潔さと快適さを守ってくれる見張り役にもなる。（ ㉣ ）

─── 例 ───
商業的空間で満たされた街を見て眉をひそめる人も多い。

〈60回 TOPIKⅡ 読解 過去問〉

解答・解説

問題**39-41**は〈例〉の文を、提示された文章の空欄の適切な箇所に入れるタイプの問題である。まず、〈例〉の文で提示された「商業的空間」につ

いての説明が前の文で言及されなければならないことを理解する。〈例〉の文の後ろは「眉をひそめる人」に対する追加説明や接続語を使った反対の内容が続く可能性があることが推測できる。㉠の前後を見ると、前では商店で満たされた都会の街について述べられ、後では接続語 하지만（しかし）に続けて、商店が街に活力を与える肯定的な役割について説明している。したがって、〈例〉の「商業的空間」と「眉をひそめる人」という否定的な内容を㉠に入れ、商店に重要な役割があることを述べる文を後に続けると自然な流れの文章になるため正解は①である。また、最初の文の次に「하지만（しかし）」が続くことは不自然なので、この部分だけに注目しても素早く答えを探すことができる。

間違いノート

② ㉡の前後は商店の肯定的な側面についての文なので、〈例〉の文とは 하지만（しかし）、그렇지만（ところが）のような反対の意味の接続語でつなげる必要がある。

③ ㉢の場合、後ろの文に「또（また）」という語が出てくるので〈例〉の文に後の文と似た内容が含まれていなければならないが、〈例〉の文は商店に対する否定的な意見が述べられているため、答えにはならない。

④ ㉣は前の文で商店の肯定的な役割について述べられているため、〈例〉の文が入るには反対の内容をつなげる接続語がなければならない。

単語　□활력 活力　□단순하다 単純だ　□보행자 歩行者
　　　□거대하다 巨大だ　□보안등 防犯灯　□청결함 清潔さ
　　　□상업적 商業的　□눈살을 찌푸리다 眉をひそめる

46. 〈보기〉의 글이 들어가기에 가장 알맞은 곳을 고르십시오.

우주는 지구와 환경이 상이해 지구에서 쓰는 방법으로는 쓰레기를 수거하기가 어렵다. 처음에는 작살과 같이 물리적인 힘을 이용해서 쓰레기를 찍을 수 있는 도구가 거론되었다. (㉠) 이 때문에 테이프나 빨판같이 접착력이 있는 도구를 사용하자는 제안도 나왔다. (㉡) 점성이 강한 테이프의 경우는 우주에서의 극심한 온도 변화를 견디지 못했으며 빨판은 진공 상태에서는 소용이 없었다. (㉢) 그런데 최근 한 연구진이 도마뱀이 벽에 쉽게 달라붙어 떨어지지 않는 것에서 영감을 받아 접착력이 있는 도구를 개발하는 데 성공했다. (㉣) 도마뱀이 발바닥에 있는 수백만개의 미세한 털들이 표면에 접촉할 때 생기는 힘을 응용한 것이다.

보기

그러나 이 방법은 자칫하면 우주 쓰레기를 엉뚱한 곳으로 밀어낼 위험이 있었다.

① ㉠　　② ㉡　　③ ㉢　　④ ㉣

〈60회 TOPIK Ⅱ 읽기 기출문제〉

訳

46. 〈例〉の文が入るのに最も適切な箇所を選びなさい。

宇宙は地球と環境が異なっていて、地球で用いる方法ではゴミを回収することは難しい。最初は銛(もり)のような物理的な力を利用してゴミを突き刺すことができる道具が議論された。(㉠) このため、テープや吸盤のような接着力のある道具を使おうという提案も出た。(㉡) 粘度が強いテープの場合、宇宙での激しい温度変化に耐えきれず、吸盤は真空状態では役に立たなかった。(㉢) ところが最近、ある研究チームがトカゲが壁に簡単にくっついて落ちないことからインスピレーションを受け、接着力のある道具を開発することに成功した。(㉣) トカゲの足裏にある数百万個の微細な毛が表面に接触する際に生じる力を応用したのだ。

例

しかし、この方法はややもすると宇宙ゴミをとんでもないところに押し出す恐れがあった。

〈60回 TOPIK Ⅱ 読解 過去問〉

解答・解説

問題46も39-41のように〈例〉の文を、提示された文章内にある空欄の適切なところに入れるタイプの問題であるが、文章そのものが長く、使用されている語彙および文法表現の難易度が比較的高い。〈例〉の文は前の文で言及された「方法」が宇宙ゴミをとんでもないところに押し出す恐れがあったと述べているので、「ゴミを処理する方法」と関連した内容が前の文に出てこなければならないことをまず確認する。㋐の前後を見ると、前の文は、ゴミを回収する方法として「ゴミを突き刺すことができる道具が議論された」と言っているだけで、その方法のデメリットや限界に対する説明なしに、後の文で「このため、～接着力のある道具を使おう」という提案が出てくる。このつながりは論理的に不自然であるため、〈例〉で言及された「方法」に対する否定的な内容が㋐に入るとよい。正解は①である。

間違いノート

② ㋑の前の文と後の文はテープと吸盤に対する提案とデメリットであるが、他の文を間に挟まず、そのままつなげるのが自然である。

③ ㋒の前の文で述べられている「テープと吸盤のデメリット」と、後の文の「最近の道具の開発の成功」を 그런데（ところが）を使って自然につなげている。

④ ㋓の前の文で述べられている研究チームが開発した道具の原理についての内容が、すぐ後ろの文に自然に続く。

単語 （p.34参照）

タイプ⑤ 空欄に適切な内容を入れる

〈タイプ⑤〉は空欄に入る適切な内容を選ぶ問題で、名詞を修飾する表現や文の最後に続く表現などが出題されます。〈タイプ⑤〉に分類される問題は文章の全体的な流れを把握し、文脈に合う答えを選ぶという点は同じですが、試験の後半になるにつれて出てくる問題の文章は長くなり、語彙と文法表現のレベルも高くなります。問題19、21は空欄に入る接続語と慣用表現を選ばなければならないため、接続語や慣用表現はあらかじめよく学習しておくのがよいでしょう。

〈タイプ⑤〉の質問項目
1 空欄に最も適切な内容を入れる 1 [問題16−18]
2 空欄に最も適切な内容を入れる 2 [問題28−31]
3 空欄に最も適切な内容を入れる 3 [問題45, 49]
4 接続語を選ぶ [問題19]
5 慣用表現を選ぶ [問題21]

こう対策しよう！

〈タイプ⑤〉は提示された空欄の前後の文を中心に文脈を理解することが重要で、選択肢の意味を丁寧に把握した後、最も適切な答えを探さなければなりません。また、文章が長くなり、語彙と文法表現のレベルが高くなるほど内容が複雑になるため、接続語に留意して文章の流れを把握する練習が必要です。文章の内容が冒頭の文と同じ傾向のまま最後まで続くのか、または相反する結論に変わっていくのかをチェックし、空欄のある文が言わんとしていることを理解できるようにしましょう。

過去問で傾向を把握しよう！

1 空欄に最も適切な内容を入れる 1 ［問題16−18］

16. 다음을 읽고 (   )에 들어갈 내용으로 가장 알맞은 것을 고르십시오.

　사람들은 일반적으로 쓴맛을 꺼린다. 이것은 (   ) 본능과 관계가 있다. 식물 중에는 독성이 있어 몸에 해로운 것들이 있다. 그런데 이런 독이 있는 식물은 보통 쓴맛이 난다. 따라서 사람들은 무의식적으로 쓴맛이 나는 것을 위험하다고 여기고 이를 거부하게 되는 것이다.

① 지나친 과식을 피하려는
② 자신의 몸을 보호하려는
③ 맛없는 음식을 멀리하려는
④ 입맛이 변하는 것을 막으려는

〈52회 TOPIK Ⅱ 읽기 기출문제〉

訳

16. 次を読んで（　　　）に入る内容として最も適切なものを選びなさい。
　人々は一般的に苦味を嫌う。これは（　　　）本能と関係がある。植物の中には毒性があって体に有害なものがある。ところが、このような毒のある植物はたいてい苦味がある。したがって、人々は無意識的に苦味があるものを危険だと考え、それを拒否することになるのだ。
① 食べ過ぎを避けようとする
② 自分の体を守ろうとする
③ まずい食べ物を遠ざけようとする
④ 食欲が変わるのを防ごうとする

〈52回 TOPIK Ⅱ 読解 過去問〉

解答・解説

問題16−18は、問題を読んで空欄に入る適切な内容を選ぶタイプの問題である。文章の中で、毒のある植物の多くは苦味があるため、人間は苦味を本能的に拒否するものだと説明している。ここから、この文章は苦味と保

護本能の関係を説明したものであることがわかる。したがって、②が正解
である。

間違いノート
① ・③ ・④ 食べることや食欲と関連した内容であるため、空欄に入る内
　　　　容として適切ではない。

単語　□일반적 一般的　□독성 毒性　□해롭다 有害だ
　　　□무의식적 無意識的

2 空欄に最も適切な内容を入れる 2［問題28−31］

30. 다음을 읽고 (　　　)에 들어갈 내용으로 가장 알맞은 것을 고르십시오.

　전자레인지는 보통 음식을 따뜻하게 데울 때 사용된다. 그런데 전자레
인지는 직접 열을 가하는 것이 아니라 음식에 포함된 물 분자의 움직임을
이용하여 음식을 데운다. 음식물에 전자레인지의 전자파가 닿으면 음식물
안에 있는 물 분자들이 진동하면서 열이 발생하는 것이다. 한편 얼음은 전
자레인지의 전자파가 닿아도 녹지 않는다. 얼음 속의 물 분자가 얼어 있어
서 (　　　) 때문이다.

① 부피가 커지기
② 결합이 안 되기
③ 움직이지 못하기
④ 열을 모두 반사하기

〈52회 TOPIK II 읽기 기출문제〉

訳

30. 次を読んで（　　　）に入る内容として最も適切なものを選びなさい。

　電子レンジは通常、食べ物を温める時に使われる。しかし、電子レンジは直接熱を加えるのではなく、食べ物に含まれた水分子の動きを利用して食べ物を温める。食べ物に電子レンジの電磁波が届くと、食べ物の中にある水分子が振動しながら熱が発生するのだ。一方、氷は電子レンジの電磁波が届いても溶けない。氷の中の水分子が凍っていて（　　　　）からである。

① かさばる
② 結合ができない
③ 動けない
④ 熱をすべて反射する

〈52回TOPIK Ⅱ 読解 過去問〉

解答・解説

問題**28−31**は**16−18**と同じタイプの問題であるが、文章にはより難しい文法表現や語彙が使われている。この文章の内容は、電子レンジは食べ物に直接熱を加えるのではなく、分子の動きを利用するため、水分子が凍っている状態の氷は、電子レンジの電磁波が届いても溶けないというものである。したがって、氷が溶けない理由として最も適切なものは氷の中の水分子が動けないとなる③である。

間違いノート

① 分子の動きと関連のない「体積」に関する内容であるので、誤答である。
② 分子の動きを活発にするのが電子レンジの原理であることから、正解ではない。
④ 熱の反射に関する内容は、文章に含まれていないので、誤答である。

単語　□데우다 温める　□가하다 加える　□진동하다 振動する
　　　□닿다 触れる　□녹다 溶ける　□결합 結合　□반사 反射

45

45. 다음을 읽고 (   )에 들어갈 내용으로 가장 알맞은 것을 고르십시오.

　보편적인 디자인이란 성별, 연령, 장애의 유무 등에 관계없이 누구나 편리하게 이용할 수 있도록 제품이나 사용 환경을 만드는 것을 말한다. 산업 혁명 시대에는 대량 생산을 목적으로 생산의 효율성을 추구하였다. 따라서 디자인을 할 때 (   ). 그러다 보니 여기에 속하지 못한 대상들은 불편을 겪을 수밖에 없었다. 이에 대한 비판과 반성에서 출발한 것이 보편적인 디자인이다. 대표적인 예가 계단이 없는 저상 버스인데 이 버스는 타고 내리기 쉬워 어린이와 노인, 임산부와 장애인 등 모두가 편리하게 이용할 수 있다. 다양한 대상의 특성을 고려한 보편적 디자인은 최대한 많은 사람들이 차별 없이 생활 할 수 있는 환경을 조성하는 데 큰 몫을 하고 있다.

① 생산할 제품의 특성을 최대한 반영하였다.
② 편리한 사용 환경을 마련해 주고자 하였다.
③ 당시 널리 퍼져 있던 유행의 흐름을 따랐다.
④ 표준이라 여기는 다수만을 기준으로 하였다.

〈52회 TOPIK Ⅱ 읽기 기출문제〉

訳

45. 次を読んで（   ）に入る内容として最も適切なものを選びなさい。
　ユニバーサルデザインとは、性別、年齢、障害の有無などに関係なく、誰もが便利に利用できるように製品や使用環境を作ることをいう。産業革命の時代には大量生産を目的として生産の効率性を追求した。したがって、デザインをするとき（   ）。そのため、ここに含まれなかった対象者たちは不便を強いられるしかなかった。これに対する批判と反省から出発したのがユニバーサルデザインである。代表的な例が、階段のないノンステップバスだが、このバスは乗り降りが容易で、子供や高齢者、妊婦や障害者など、皆が便利に利用できる。多様な対象者の特性を考慮したユニバーサルデザインは、できるだけ多くの人が差別なく生活できる環境を整えるのに大きな役割を果たしている。

① 生産する製品の特性をできるだけ反映した。

② 便利な使用環境を整えようとした。

③ 当時広まっていた流行に従った。

④ 標準と考える多数のみを基準とした。

〈52回TOPIK II 読解 過去問〉

解答・解説

問題45、49は16-18、28-31と同じタイプの問題であるが、文章に上級レベルの語彙や文法表現が使われている。文章は産業革命時代は製品の使用対象者を多数に設定して大量生産を追求した結果、その中に含まれなかった対象者が不便を強いられたという内容である。また、空欄の後にこれに対する反省として「ユニバーサルデザイン」が登場したと説明しているため、大量生産の限界を表す内容が含まれている④が正解である。

間違いノート

① 産業革命時代に生産された品物はその対象者の特性ではなく、生産の効率性を追求したものなので、誤答である。

② 便利な使用環境を作ろうとしたという肯定的な内容はユニバーサルデザインのことなので、ここには合わない。

③ 流行と関連した内容は文章内に提示されていないので、誤答である。

単語　□보편적이다 普遍的だ　□편리하다 便利だ　□생산 生産
　　　□효율성 効率性　□추구하다 追求する　□비판 批判
　　　□반성 反省　□차별 差別　□표준 標準

8つの問題タイプ

タイプ⑤

19. (　　　)에 들어갈 알맞은 것을 고르십시오.

> 시각 장애인의 안내견은 주인과 있을 때 행인에게 관심을 두지 않는다.
> (　　　) 안내견이 주인을 남겨 두고 행인에게 다가간다면 이는 주인이
> 위험에 처해 있다는 뜻이다. 안내견은 주인에게 문제가 발생하면 곧장 주
> 변 사람에게 달려가 도움을 요청하도록 훈련을 받기 때문이다. 안내견이
> 행인의 주위를 맴돌면 안내견을 따라가 주인의 상태를 확인하고 구조 센터
> 에 연락해야 한다.

① 비록　　② 물론　　③ 만약　　④ 과연

〈60회 TOPIK Ⅱ 읽기 기출문제〉

訳

19. (　　　) に入る適切なものを選びなさい。

　視覚障害者の盲導犬は飼い主といる時、通行人に関心を持たない。
(　　　) 盲導犬が飼い主を残しておいて通行人に近づいたら、これは
飼い主が危険にさらされているという意味である。盲導犬は飼い主にトラ
ブルが発生した場合、すぐに周りの人に駆けつけて助けを求めるように訓
練を受けているからである。盲導犬が通行人の周りをぐるぐる回ったら（通
行人は）、盲導犬についていき、飼い主の状態を確認して、救助センター
に連絡しなければならない。

① たとえ　　② もちろん　　③ もしも　　④ やはり（果たして）

〈60回 TOPIK Ⅱ 読解 過去問〉

解答・解説

問題19は空欄に入る適切な接続語を選ぶタイプの問題である。文章を読む
と、空欄の前で「盲導犬は飼い主と一緒にいる時、通行人に関心を持たない」
と言っているが、空欄の後に続く文では「盲導犬が飼い主を残しておいて
通行人に近づいたら、これは飼い主が危険にさらされているという意味で
ある」と説明している。したがって、仮定状況を表している③が正解である。

間違いノート

① 비록（たとえ）は前後の文の内容が反対になる際に使う表現で、「仮に
　〜だとしても…」という文になるため、適切ではない。

② 물론（もちろん）は言うまでもなく当然だという意味のため内容に合
　わない。

④ 과연（やはり、果たして）は主に、考えていたこと（期待していたこと）
　と実際の状況が一致することを強調する表現であるので、誤答である。

単語　（p.25 参照）

---

5 慣用表現を選ぶ［問題21］

21. (　　　　)에 들어갈 알맞은 것을 고르십시오.

　문자 교육은 빠를수록 좋다고 믿는 부모들이 있다. 이들은 자신의 아이
가 또래보다 글자를 더 빨리 깨치기를 바라며 문자 교육에 (　　　　). 그
런데 나이가 어린 아이들은 아직 다양한 능력들이 완전히 발달하지 못해
온몸의 감각을 동원하여 정보를 얻는다. 이 시기에 글자를 읽는 것에 집중
하다 보면 다른 감각을 사용할 기회가 줄어 능력이 고르게 발달하는 데 어
려움이 있을 수 있다.

① 손을 뗀다
② 이를 간다
③ 담을 쌓는다
④ 열을 올린다

〈60회 TOPIK Ⅱ 읽기 기출문제〉

21.（　　　　）に入る適切なものを選びなさい。

　文字教育は早いほど良いと信じている親たちがいる。彼らは、自分の子が同年齢の子より文字をもっと早く覚えることを願って、文字教育に（　　　　）。ところが、幼い子はまだ多様な能力が完全に発達していないため、全身の感覚を動員して情報を得る。この時期に文字を読むことに集中すれば、他の感覚を使用する機会が減り、能力がバランス良く発達するのに困難を生じることがあり得る。

① 手を引く　　　② 歯ぎしりをする
③ 塀を築く　　　④ 熱を上げる

〈60回 TOPIK Ⅱ 読解 過去問〉

解答・解説

問題21は空欄に入る適切な慣用表現を選ぶタイプの問題である。空欄の前の部分で、子供の文字教育が早いほど良いと信じる親たちがいると述べているが、空欄の後は早期の文字教育の副作用について説明している。그런데（ところが）は前の内容と相反する内容を提示する時に使う表現であるため、空欄が含まれている文までは文字教育に対する親たちの関心度が高いことについて述べるのが自然である。したがって、何かに熱中するという④ 열을 올린다（熱を上げる）が正解である。

間違いノート

① 손을 뗀다（手を引く）はある仕事をそれ以上しないという意味であるため、正解ではない。
② 이를 간다（歯ぎしりをする）は怒って悔しさを抑えきれずにいる状態を表すので、誤答である。
③ 담을 쌓는다（塀を築く）は心を閉ざす、関係を断つという意味なので、正解として適切ではない。

単語　□문자 교육 文字教育　□또래 同年齢　□깨치다 悟る　□능력 能力
　　　□발달하다 発達する　□온몸 全身　□감각 感覚　□동원하다
　　　動員する　□얻다 得る　□집중하다 集中する　□고르다 均等だ

タイプ⑥　新聞記事の見出しをよく説明している文を選ぶ

〈タイプ⑥〉は新聞記事の見出しを読んで、その内容を適切に説明している選択肢を選ぶ問題です。記事の見出し以外の情報がないため、提示されている表現を十分に理解できる豊富な語彙力と文法力が要求されます。

〈タイプ⑥〉の質問項目

1 記事の見出しをよく説明している文を選ぶ［問題25-27］

 こう対策しよう!

〈タイプ⑥〉は短い新聞記事の見出しを読んで、それに関する適切な説明を選ばなければならないため、新聞記事の見出しに主に使われる文体や表現を学習しておくことが重要です。上級レベルの単語と意味が似ている初級レベルの単語をセットで覚えるのが有用です。また、記事の見出しには擬声語、擬態語がよく使われるので、覚えておくとよいでしょう。

過去問で傾向を把握しよう!

1 記事の見出しをよく説明している文を選ぶ［問題25-27］

> 26. 다음 신문 기사의 제목을 가장 잘 설명한 것을 고르십시오.
>
> > 연휴 마지막 날 교통 체증, 고속도로 몸살 앓아
>
> ① 연휴의 마지막 날에 고속도로에서 심각한 교통사고가 발생했다.
> ② 연휴에 실시한 고속도로 공사 때문에 사람들이 큰 불편을 겪었다.
> ③ 연휴가 끝나는 날 고속도로에 몰린 차들로 인해 길이 많이 막혔다.
> ④ 연휴 때마다 발생하는 교통 혼잡을 해결하기 위해 고속도로를 확장했다.
>
> 〈52회 TOPIK Ⅱ 읽기 기출문제〉

訳

26. 次の新聞記事の見出しを最もよく説明しているものを選びなさい。

> 連休の最終日に交通渋滞、高速道路大混雑

① 連休の最終日に高速道路で深刻な交通事故が発生した。
② 連休に実施した高速道路の工事のため、人々は大きな不便を強いられた。
③ 連休が終わる日、高速道路に集中した車によって道路がかなり渋滞した。
④ 連休のたびに発生する交通渋滞を解決するために高速道路を拡張した。

〈52回 TOPIK Ⅱ 読解 過去問〉

解答・解説

問題 **25-27** は、新聞記事の見出しを読んで、それと同じ内容の選択肢を選ぶタイプの問題である。記事の見出しの「交通渋滞」に続いて、「高速道路が大混雑」という表現がある。몸살 앓아 は 몸살을 앓다（疲れからの病を患う）という意味で、ひどい渋滞の比喩表現なので、連休最終日の高速道路が非常に混雑した状況だったことがわかる。したがって、正解は③である。

間違いノート

① 混雑した交通状況ではなく、交通事故に関する内容なので誤答である。
② 交通渋滞と関係のない高速道路の工事に関する内容なので、正解ではない。
④ 高速道路の拡張に関する内容であり、文章とは関係がないので誤答である。

単語　□연휴 連休　□체증 渋滞　□몸살 過労が原因で起こる病気
　　　□앓다 患う　□심각하다 深刻だ　□실시하다 実施する
　　　□막히다 詰まる　□확장하다 拡張する

タイプ⑦ 文章の中心となる考えや目的を選ぶ

〈タイプ⑦〉は、文章の中心となる考えや文章を書いた目的を選ぶことで、筆者が伝えようとしている内容をよく理解しているかを確認するタイプの問題です。このタイプに該当する問題は22、48で、問題22は中心となる考えを選ぶ問題、問題48は目的を探す問題です。どちらも筆者が文を書く際に最も重要だと考えている内容であるという点から同じタイプに分類しています。それぞれ1問ずつしか出題されませんが、問題を解くための戦略を知っていれば容易に答えを選ぶことができるので、しっかりポイントをつかみましょう。

〈タイプ⑦〉の質問項目

1 文章の中心となる考えを選ぶ［問題22］
2 文章を書いた目的を選ぶ［問題48］

 こう対策しよう！

〈タイプ⑦〉は、文章を精読するよりも、冒頭の1～2文を素早く読んだあと、後半部を中心に読みながら、中心となる考え、目的を探さなければなりません。普通、文章の後半部に中心となる考えや目的が出てくる場合が多いので、後半部に注意して読むとよいでしょう。

1 文章の中心となる考えを選ぶ［問題22］

> 문자 교육은 빠를수록 좋다고 믿는 부모들이 있다. 이들은 자신의 아이가 또래보다 글자를 더 빨리 깨치기를 바라며 문자 교육에 (　　　　). 그런데 나이가 어린 아이들은 아직 다양한 능력들이 완전히 발달하지 못해 온몸의 감각을 동원하여 정보를 얻는다. 이 시기에 글자를 읽는 것에 집중하다 보면 다른 감각을 사용할 기회가 줄어 능력이 고르게 발달하는 데 어려움이 있을 수 있다.

22. 위 글의 중심 생각을 고르십시오.
① 문자 교육을 하는 방법이 다양해져야 한다.
② 아이의 감각을 기르는 데 문자 교육이 필요하다.
③ 이른 문자 교육이 아이의 발달을 방해할 수 있다.
④ 아이들은 서로 비슷한 시기에 글자를 배우는 것이 좋다.

〈60회 TOPIK Ⅱ 읽기 기출문제〉

訳

　文字教育は早いほど良いと信じている親たちがいる。彼らは、自分の子が同年齢の子より文字をもっと早く覚えることを願って、文字教育に（　　　　）。ところが、幼い子はまだ多様な能力が完全に発達していないため、全身の感覚を動員して情報を得る。この時期に文字を読むことに集中すれば、他の感覚を使用する機会が減り、能力がバランス良く発達するのに困難が生じることがあり得る。

22. 上の文章の中心となる考えを選びなさい。
① 文字教育をする方法は多様にならなければならない。
② 子供の感覚を育てるのに文字教育が必要である。
③ 早い文字教育が子供の発達を妨げる可能性がある。
④ 子供たちは互いに同じ時期に文字を学ぶのがよい。

〈60回 TOPIK Ⅱ 読解 過去問〉

解答・解説

問題22は文章の中心となる考えを選ぶタイプの問題である。この文章では「文字教育は早いほど良いと信じている親たちがいる」という内容が最初の文に出てくる。また、最後の文は「(幼い子が) 能力がバランスよく発達するのに困難が生じることがあり得る。」という内容で終わっている。以上から、早期の文字教育が子供の発達を妨げかねないという内容の③を答えとして選べばよい。

間違いノート

① 文章の中に文字教育の方法が多様にならなければならないという内容は書かれていない。
② 文字教育のために他の感覚を使う機会が減るという内容が出てくるので、答えにはならない。
④ 互いに同じ時期に文字を学ばなければならないとは書かれていない。文字を学ぶ時期に関する内容の文である。

単語　（p.50参照）

4차 산업은 그 분야가 다양하지만 연구 개발이 핵심 원동력이라는 점에서 공통점을 갖고 있다. 이러한 점을 고려하여 정부는 신성장 산업에 대한 세제 지원을 확대하기로 했다. 미래형 자동차, 바이오 산업 등 신성장 기술에 해당하는 연구를 할 경우 세금을 대폭 낮춰 준다는 점에서 고무적인 일이다. 하지만 현재의 지원 조건이라면 몇몇 대기업에만 유리한 지원이 될 수 있다. 해당 기술을 전담으로 담당하는 연구 부서를 두어야 하고 원천 기술이 국내에 있는 경우에만 지원이 가능하기 때문이다. 혜택이 큰 만큼 (   ) 정부의 입장을 이해하지 못하는 것은 아니다. 그러나 이번 정책의 목적이 단지 연구 개발 지원에 있는 것이 아니라 연구 개발을 유도하고 독려하고자 하는 것이라면 해당 조건을 완화하거나 단계적으로 적용할 필요가 있다.

48. 위 글을 쓴 목적으로 알맞은 것을 고르십시오.
① 투자 정책이 야기할 혼란을 경고하려고
② 세제 지원 조건의 문제점을 지적하려고
③ 연구 개발에 적절한 분야를 소개하려고
④ 신성장 산업 연구의 중요성을 강조하려고

〈60회 TOPIK Ⅱ 읽기 기출문제〉

訳

第4次産業はその分野がさまざまであるが、研究開発が核心となる原動力であるという点で共通点を持っている。このような点を考慮し、政府は新成長産業に対する税制支援を拡大することにした。未来型自動車、バイオ産業など新成長技術に該当する研究をする場合、税金を大幅に引き下げてくれるという点で歓迎すべきことである。しかし、現在の支援条件なら、いくつかの大手企業だけに有利な支援になり得る。該当技術を専門に担当する研究部署を設けなければならず、源泉技術が国内にある場合にのみ支援が可能なためである。恩恵が大きいだけに（   ）政府の立場を理

解できないわけではない。しかし、今回の政策の目的が単に研究開発支援にあるのではなく、研究開発を誘導し、奨励しようとすることなら、該当条件を緩和するか、段階的に適用する必要がある。

48. 上の文章を書いた目的として適切なものを選びなさい。
① 投資政策がもたらす混乱を警告するために
② 税制支援条件の問題点を指摘するために
③ 研究開発に適した分野を紹介するために
④ 新成長産業の研究の重要性を強調するために

〈60回 TOPIK Ⅱ 読解 過去問〉

解答・解説

問題48は文章を書いた目的を選ぶタイプである。文章の前半部には、政府が新成長産業に対して税制支援を拡大することにしたという内容が書かれている。最後の文は接続語 그러나（しかし）が出てきて、政策の条件を緩和するか、段階的に適用する必要があるという内容で終わる。ここから政府の政策＝「税制支援条件」の問題があることが推測できる。政府が拡大することにした税制支援条件の問題を述べている内容の②が正解。

間違いノート

① 文章中に投資政策がもたらす混乱に関する内容は言及されていない。
③ 文章中に研究開発に適した分野を新たに紹介する内容も提示されていない。
④ 文章の中で新成長産業研究の重要性はすでに政府が強調しているので、文章を書いた目的として適切ではない。

単語　□4차 산업 第4次産業　□연구 研究　□개발 開発　□핵심 核心
　　　□공통점 共通点　□고려하다 考慮する　□세제 税制
　　　□지원 支援　□확대하다 拡大する　□세금 税金
　　　□고무적이다 鼓舞的だ（歓迎すべきだ）　□유리하다 有利だ
　　　□혼란 混乱　□경고 警告　□지적하다 指摘する
　　　□강조하다 強調する

タイプ⑧　人物の心情や態度を選ぶ

〈タイプ⑧〉は、文章に表れている人物の心情や態度を選ぶ問題です。TOPIK
Ⅱの読解問題の最後の部分に出てくるタイプの問題であるため、残り少ない
時間で長い文章を素早く読み、全体の流れを把握しなければなりません。総
じて、人物の心情を選ぶ問題では主に小説が出され、人物の態度を選ぶ問題
の場合は、あることに対する筆者の見解が表れる文章が出題されます。

〈タイプ⑧〉の質問項目

1 下線部の人物の心情を選ぶ［問題23, 42］
2 下線部の人物の態度を選ぶ［問題50］

 こう対策しよう!

人物の心情または意図をよく理解するために、人物の感情、態度を表す単語
を集めてあらかじめ学習しておきましょう。文章を読む前に選択肢にある表
現を先に読んで文章の全体的な流れを把握した後、下線部に表れている人物
の心情と意図を分析する必要があります。

過去問で傾向を把握しよう！

1 下線部の人物の心情を選ぶ〔問題23, 42〕

23. 밑줄 친 부분에 나타난 '나'의 심정으로 알맞은 것을 고르십시오.

> 고향에 사는 아버지가 오랜만에 우리 집에 오셨다. 나는 남편과 함께 아버지와 이런저런 이야기를 나누며 거실에 앉아 있었다. 그때 갑자기 남편이 아버지를 모시고 영화관에 가자고 했다. 그 말에 나는 "영화관은 무슨? 아버지는 어둡고 갑갑해서 영화관 가는 거 안 좋아하셔." 하고 내뱉었다. 그래도 아버지에게 슬쩍 "영화 보러 가실래요?" 하고 물었는데 손사래를 치실 것 같던 아버지는 그저 가만히 계셨다. 그 순간 나는 아버지의 마음을 읽을 수 있었다. <u>나는 왜 아버지가 영화관에 가는 것을 안 좋아하실 거라고 생각했을까.</u> 지금껏 내 기준에서 판단한 일들이 얼마나 많을까 생각하니 마음이 무거워졌다. 영화관에 갈 준비를 하며 옷도 살피고 모자도 쓰고 벗기를 반복하시는 아버지의 얼굴에는 미소가 가득했다. 그런 아버지를 보며 나는 앞으로 아버지가 무엇을 좋아하시는지 관심을 가지기로 했다.

① 부담스럽다　　② 불만스럽다
③ 짜증스럽다　　④ 죄송스럽다

〈60회 TOPIK Ⅱ 읽기 기출문제〉

訳

23. 下線を引いた部分に表れている「私」の心情として適切なものを選びなさい。

　故郷に住んでいる父が久しぶりに我が家に来た。私は夫と一緒に父とあれこれ話しながら居間に座っていた。その時、突然夫が父を連れて映画館に行こうと言った。その言葉に私は「映画館って？ 父は暗くて窮屈だから映画館に行くのって好きじゃないの。」と言い放った。それでも父にそっと「映画を見に行きませんか？」と尋ねたら、手を横に振り否定するだろうと思っていた父はただ何も言わずじっとしていた。その瞬間、私は父の心を読むことができた。<u>私はどうして父が映画館に行くのが好きではない</u>

と思ったのだろうか。今まで私の基準で判断したことがどれだけ多いかと思うと、気が重くなった。映画館に行く準備をしながら身だしなみも整えて、帽子もかぶって脱ぐことを繰り返す父の顔には笑みが溢れていた。そんな父を見て、私はこれから父は何が好きなのか関心を持つことにした。

① 負担に思う　　　　② 不満に思う

③ いらいらする　　　④ 申し訳ない

〈60回 TOPIK Ⅱ 読解 過去問〉

解答・解説

問題 **23**、**42** は、文章に表れた人物の心情を選ぶタイプの問題である。下線部の前の「父の心を読むことができた」と、下線部の後ろの「今まで私の基準で判断したことが多く、気が重い」という内容から、筆者がこれまで父の心を誤って理解していたことがわかる。また、父の本音を察知できなかった筆者がこれまでのことを考えると気が重いと反省しているため、④ 죄송스럽다（申し訳ない）が正解である。

間違いノート

① 부담스럽다（負担に思う）はあることや状況が耐え難い感じがあるという意味であるので、誤答である。

② 불만스럽다（不満に思う）は気に入らないことから不快の感情を表す表現であるので、誤答である。

③ 짜증스럽다（いらいらする）は面倒で煩わしいため、嫌になるという意味であるので、正解ではない。

単語　（p.27参照）

50. 밑줄 친 부분에 나타난 필자의 태도로 알맞은 것을 고르십시오.

4차 산업은 그 분야가 다양하지만 연구 개발이 핵심 원동력이라는 점에서 공통점을 갖고 있다. 이러한 점을 고려하여 정부는 신성장 산업에 대한 세제 지원을 확대하기로 했다. <u>미래형 자동차, 바이오 산업 등 신성장 기술에 해당하는 연구를 할 경우 세금을 대폭 낮춰 준다는 점에서 고무적인 일이다.</u> 하지만 현재의 지원 조건이라면 몇몇 대기업에만 유리한 지원이 될 수 있다. 해당 기술을 전담으로 담당하는 연구 부서를 두어야 하고 원천 기술이 국내에 있는 경우에만 지원이 가능하기 때문이다. 혜택이 큰 만큼 (   ) 정부의 입장을 이해하지 못하는 것은 아니다. 그러나 이번 정책의 목적이 단지 연구 개발 지원에 있는 것이 아니라 연구 개발을 유도하고 독려하고자 하는 것이라면 해당 조건을 완화하거나 단계적으로 적용할 필요가 있다.

① 기술 발전이 산업 구조 변화에 미칠 영향을 인정하고 있다.
② 세제 지원의 변화가 투자 감소로 이어질 것을 우려하고 있다.
③ 세금 정책이 연구 개발에 미치는 부정적 영향을 비판하고 있다.
④ 신성장 기술에 대한 세제 지원 정책을 긍정적으로 평가하고 있다.

〈60회 TOPIK Ⅱ 읽기 기출문제〉

訳
50. 下線を引いた部分に表れている筆者の態度として適切なものを選びなさい。

　第4次産業はその分野がさまざまであるが、研究開発が核心となる原動力であるという点で共通点を持っている。このような点を考慮し、政府は新成長産業に対する税制支援を拡大することにした。<u>未来型自動車、バイオ産業など新成長技術に該当する研究をする場合、税金を大幅に引き下げてくれるという点で歓迎すべきことである。</u>しかし、現在の支援条件なら、いくつかの大手企業だけに有利な支援になり得る。該当技術を専門に担当する研究部署を設けなければならず、源泉技術が国内にある場合にのみ支援が可能なためである。恩恵が大きいだけに（　　　　）政府の立場を理

解できないわけではない。しかし、今回の政策の目的が単に研究開発支援にあるのではなく、研究開発を誘導し、奨励しようとすることなら、該当条件を緩和するか、段階的に適用する必要がある。

① 技術発展が産業構造の変化に及ぼす影響を認めている。
② 税制支援の変化が投資減少につながることを懸念している。
③ 税金政策が研究開発に及ぼす否定的な影響を批判している。
④ 新成長技術に対する税制支援政策を肯定的に評価している。

〈60回TOPIK Ⅱ読解 過去問〉

解答・解説

問題50は、文章に表れた人物の態度を選ぶタイプの問題である。文章を見ると、第4次産業で研究開発が何より重要だと述べられており、고무적（歓迎すべき）という表現から政府の新成長産業に対する税制支援を肯定的に評価していることがわかる。したがって、下線部は政府の新成長産業に対する肯定的な立場を示した④が正解である。

間違いノート

① 税制政策ではなく、技術発展に伴う変化を期待すると述べているので、誤答である。
②・③ 税制支援を肯定的に見る文章の流れと反対の内容であるので、正解ではない。

単語 （p.57参照）

出題順　問題演習

問題1-2

問題の種類・ポイント

問題1-2は空欄に入る適切な文法表現を選ぶ〈タイプ①〉の問題です。この問題を解くときのポイントは以下のとおりです。

▶ **提示されている文の主語と述語を把握する。**

述語が空欄の場合、主語と関連したキーワードを把握して適切な文法表現を選びましょう。

〈例 題〉

---

1. (　　　)에 들어갈 가장 알맞은 것을 고르십시오.

나는 주말에는 보통 영화를 (　　　) 운동을 한다.
① 보지만　　② 보거나　　③ 보려고　　④ 보더니
〈64회 TOPIK Ⅱ 읽기 기출문제〉

訳

1. （　　　）に入る最も適切なものを選びなさい。

私は週末には普段映画を（　　　）運動をする。
① 見るが　　② 見たり　　③ 見ようと　　④ 見ていたのに

〈64回TOPIK Ⅱ 読解 過去問〉

解答・解説

▶ **提示されている文の主語と述語を把握する。**

提示されている文は主語である「私」が「週末に普段すること」を説明する文で、「映画を見る」と空欄の後ろの「運動をする」を同等に並べるか、2つの中から1つを選択する意味の文法表現を選ばなければならない。

▶ **把握した内容をもとに適切な文法表現を選ぶ。**

4つの選択肢の中から文の前半と後半が同等の形で並べられたり、2つの中から1つを選択するという意味の文法表現は -거나（～たり）であるため、正解は②。

間違いノート

① -지만（～が、けど）は前の文と後の文が反対の内容でなければならない。

③ -(으)려고（～ようと）は前が「目的」、後ろは「目的のための行為」でなければならない。

④ -더니（～たのに）は前の状況に続いて後ろに「予想できなかった状況」や「変化した状況」が来なければならない。

✎ 練習問題

[1-4] (　　　)에 들어갈 가장 알맞은 것을 고르십시오.

1. 아르바이트를 (　　　) 방학 때 좀 바빴다.
① 하려면　　② 하도록　　③ 하더니　　④ 하느라고

2. 어제 저녁에는 숙제를 (　　　) 바로 친구를 만나러 갔다.
① 하거나　　② 하든지　　③ 하고 나서　　④ 하다 보면

3. 미리 표를 (　　　) 고향에 가는 비행기를 탈 수 있다.
① 예매해야　　② 예매하려고　　③ 예매하더니　　④ 예매하도록

4. 공항에 도착하니까 가족들이 마중을 (　　　).
① 나와 있었다　　② 나왔으면 했다
③ 나오도록 했다　　④ 나오게 되었다

[1-4] （　　　）に入る最も適切なものを選びなさい。

1. アルバイトを（　　　　）、休みの時ちょっと忙しかった。
① するには　　② するように　　③ していたのに　　④ していたので

正解 ④

アルバイトをする。→ 休みの時ちょっと忙しかった。
前の内容である「アルバイトをする」という内容が「休みの時ちょっと忙しかった」ということの〈原因〉となっているため、前の行動が原因で後の結果が出る時に使う -느라고（〜ていたので）を使うとよい。방학 は夏休みや冬休みなどのこと。

2. 昨日の夕方には宿題を（　　　　）、すぐ友達に会いに行った。
① したり　　② するなり　　③ してから　　④ しているうちに

正解 ③

昨日の夕方には宿題をする。→ すぐ友達に会いに行った。
普段の習慣ではなく「昨日の夕方」という特定の時間の経験を説明する文を作らなければならない。「昨日の夕方に宿題を終えた後に友達に会いに行った」という連続した行動が続くのが自然であるため、前の行動が終わった後にすぐに続く行動をつなげる -고 나서（〜てから）が適切である。②の -든지 は2つの事柄や疑問詞と一緒に用いられ「〜なり、〜なり」という意味を表す文法表現。

3. 前もってチケットを（　　　　　）、故郷に行く飛行機に乗ることができる。
① 予約してこそ　　　　② 予約しようと
③ 予約していたのに　　④ 予約するように

4. 空港に到着したら、家族が迎えに（　　　　　）。
① 出ていた　　　　　② 出てほしかった
③ 出るようにした　　④ 出ることになった

問題3−4

問題の種類・ポイント

問題3−4は下線部と似ている文法表現を選ぶ〈タイプ①〉の問題です。

▶ **下線部の語彙および文法表現を把握する。**

下線部の前後の文脈から意味を推測したり、4つの選択肢に下線部と同じ語彙が使われているかどうかを確認します。選択肢は文法表現だけが異なるパターン以外に、異なる語彙と文法表現が一緒に提示されているパターンもありますので、語彙の意味を注意深く把握しましょう。

▶ **下線部の語彙および文法表現と似た意味を選択肢から選ぶ。**

4つの選択肢の中から下線部の語彙および文法表現と関連のないものを消去する方法で解くと、より速く、正確に答えを選ぶことができます。

〈例 題〉

---

3. 다음 밑줄 친 부분과 의미가 비슷한 것을 고르십시오.

정부는 일자리를 <u>늘리고자</u> 새로운 정책을 수립했다.
① 늘리자마자　　② 늘리더라도　　③ 늘리는 대신　　④ 늘리기 위해

〈64회 TOPIK II 읽기 기출문제〉

69

3. 次の下線を引いた部分と意味が似ているものを選びなさい。

政府は雇用を<u>増やそうと</u>新しい政策を立てた。

① 増やすや否や　　② 増やしても

③ 増やす代わりに　④ 増やすために

〈64回 TOPIK Ⅱ 読解　過去問〉

解答・解説

▶ **下線部の語彙および文法表現を把握する。**

　下線部の文法表現 -고자（〜ようと）を見て、前半の「政府の雇用を増やすこと」が後半の「新しい政策樹立」の目的であることを把握する。

▶ **下線部の語彙および文法表現と似た意味を選択肢から選ぶ。**

　前半の内容が目的になる時に使う -고자（〜ようと）と類似した意味の文法表現は、-기 위해서（〜ために）であるので、正解は④。

間違いノート

① -자마자（〜や否や）は前の行動が終わってすぐに続く行動をつなげる文法表現である。

② -더라도（〜しても）は前の状況が生じるかどうかに関係なく、後の行為をするという意志を示す時に使用する。

③ -는 대신（〜代わりに）は、前の内容が後の内容に置き換えられたり、補償されたりする状況で使われる。

単語　□정부 政府　□일자리 働き口　□정책 政策

　　　□수립하다 樹立する

練習問題

[1-4] 다음 밑줄 친 부분과 의미가 비슷한 것을 고르시오.

1. 발표를 할 때 너무 <u>긴장한 탓에</u> 실수를 많이 했다.
① 긴장할까 봐　　　② 긴장하는 바람에
③ 긴장하는 사이에　　④ 긴장하는 대신에

2. 모르는 문제였지만 다른 사람들에게 무시를 당할까 봐 <u>아는 척했다</u>.
① 아는 듯했다　　② 아는 체했다
③ 아는 편이다　　④ 알기 마련이다

3. 어제 배탈이 <u>날 정도로</u> 많은 음식을 급하게 먹었다.
① 나고　　② 나서　　③ 날 만큼　　④ 나는 대로

4. 많은 사람들이 나를 한국인이라고 생각하지만 나는 한국어를 배우는 <u>학생일 뿐이다</u>.
① 학생에 불과하다　　② 학생이라면 좋겠다
③ 학생일지도 모른다　　④ 학생이라고 볼 수 없다

練習問題　訳と解答

[1-4] 次の下線を引いた部分と意味が似ているものを選びなさい。

1. 発表をする時、あまりにも<u>緊張したせいで</u>ミスをたくさんした。
① 緊張するかと思って　　② 緊張したので
③ 緊張している間に　　　④ 緊張する代わりに

> 正解②
> -(으)ㄴ 탓에（〜せいで）は後に来る否定的な結果を作った〈原因〉を表現する時に使う。したがって、選択肢の中で最も似た意味の文法表現である -는 바람에（〜ので）を選ぶ。

2. 知らない問題だったが、他の人たちに馬鹿にされるのではないかと思って<u>知っているふりをした</u>。
① 知っているようだった　　② 知ったかぶりをした
③ 知っているほうだ　　　　④ わかるものだ

> 正解②
> -는 척하다（〜ふりをする）は本当はそうではないが、そのように見せかけて行動する時に使う文法表現である。したがって、選択肢の中で最も似ている -는 체하다（〜ふりをする）を選ぶ。

72

3. 昨日腹痛が<u>生じるほど</u>（お腹を壊すほど）たくさんの食べ物を急いで食べた。

① 生じて　　② 生じたので　　③ 生じるぐらい　　④ 生じてすぐに

正解 ③

-(으)ㄹ 정도로（〜ほど）は「前の状況、量、レベルで」という意味の文法表現である。選択肢の中では -(으)ㄹ 만큼（〜くらい）が同じ意味として使える。

4. 多くの人が私を韓国人だと思っているが、私は韓国語を学ぶ<u>学生であるだけだ</u>。

① 学生に過ぎない　　　　　② 学生であってほしい

③ 学生であるかもしれない　　④ 学生とは考えられない

正解 ①

-(으)ㄹ 뿐이다（〜だけだ）は、その前に来る語が表すこと以外の何ものでもないという意味を持つ文法表現である。したがって、選択肢の中で最も似ている -에 불과하다（〜に過ぎない）を選ぶとよい。

問題 5-8

問題の種類・ポイント

問題5-8は適切なテーマ・主題を選ぶ〈タイプ②〉の問題です。

▶ **選択肢を見て、問題の内容を把握する。**

選択肢を見て、文章のテーマを把握します。また、商品広告、公共広告、案内文等のどのジャンルであるかを確認します。

▶ **キーワードをマークした後、関連のない内容を消去する。**

文章のキーワードをマークし、全く関連のない選択肢を消去しながら正解を選んでいくのがよいでしょう。

▶ **文章の内容全体に関する答えを探す。**

文章の一部ではなく、内容全体と関連のある選択肢を選びましょう。

〈例 題〉

6. 다음은 무엇에 대한 글인지 고르십시오.

똑똑하게 모으자!
매일매일 쌓여 가는 행복한 미래

① 병원　　② 은행　　③ 여행사　　④ 체육관

〈64회 TOPIK Ⅱ 읽기 기출문제〉

6. 次は何に関する文であるのか選びなさい。

賢く集めよう！
毎日積み重なっていく幸せな未来

---

① 病院　　② 銀行　　③ 旅行会社　　④ 体育館

〈64回TOPIK II 読解 過去問〉

解答・解説

▶ **選択肢を見て、問題の内容を把握する。**

「病院、銀行、旅行会社、体育館」を見て、この広告がふさわしい場所を選ぶ問題であることがわかる。

▶ **キーワードをマークした後、関連のない内容を消去する。**

「集めよう！」「毎日積み重なっていく」という表現を通して、何かを集め、積み上げられる対象と密接な場所であることが推測できる。

▶ **文章の内容全体に関する答えを探す。**

したがって「お金」を集めて積み上げることができ、それで未来に備えることができる②の「銀行」が正解である。

間違いノート

① 「病院」は「健康」や「病気」と密接な関係があるが、これらを「集める」のは不自然である。

③ 「旅行会社」は旅行で思い出を積み上げると考えられそうだが、「旅行」と「毎日積み重なっていく」という表現は合わない。

④ 「体育館」から健康のために「運動」で未来に備えることが連想されるが、これを集めるという表現は不自然である。

単語　　□똑똑하다 賢い　□모으다 集める　□쌓이다 たまる

練習問題

[1-4] 다음은 무엇에 대한 글인지 고르십시오.

1.
> **상쾌한 욕실을 간편하고 빠르게!**
> **찌든 때, 악취 한 번에 강력 제거!**

① 향수　② 세제　③ 지우개　④ 청소기

2.
> 전문가와의 상담으로 더욱 효과적인 학습 방법을 찾아 드립니다.
> 학생 여러분, 저희만 믿고 따라오십시오!

① 병원　② 학원　③ 식당　④ 가게

3.
> 일회용 컵, 일회용 빨대 아직도 쓰시나요?
> 작은 실천이 아름다운 산과 바다를 지킵니다.

① 건강 관리　② 예절 교육　③ 환경 보호　④ 안전 관리

4.
3000원 할인권
- 할인권은 다른 사람에게 양도할 수 없습니다.
- 50,000원 이상 구매 시 사용할 수 있는 쿠폰입니다.
- 다른 쿠폰과 중복 사용할 수 없습니다.

① 할인 상품　② 구매 장소　③ 사용 기간　④ 사용 방법

練習問題　訳と解答

[1-4] 次は何に関する文であるのか選びなさい。

1.
> # 爽やかな浴室を手軽に素早く！
> ## 頑固な汚れ、悪臭を一度に強力除去！

① 香水　　② 洗剤　　③ 消しゴム　　④ 掃除機

正解 ②

「浴室、頑固な汚れ、悪臭、強力除去」というキーワードから浴室掃除と関連した文であることがわかる。

単語　□상쾌하다 爽快だ　□악취 悪臭　□제거 除去

2.
> 専門家との相談で、より効果的な学習方法を見つけます。
> 学生の皆さん、私たちだけを信じてついてきてください！

① 病院　　② 塾　　③ 食堂　　④ 店

正解 ②

キーワードを通じて学生が専門家に学習方法に関する相談と授業指導を受ける場所であることがうかがえる。

単語　□전문가 専門家　□상담 相談　□방법 方法

出題順　問題演習　問題5-8

77

3.

> 使い捨てカップ、使い捨てストロー、まだお使いですか？
> 小さな実践が美しい山と海を守ります。

① 健康管理　　② マナー教育　　③ 環境保護　　④ 安全管理

正解 ③

使い捨て製品をまだ使うのかという文言と、小さな実践で自然を守るという内容が提示されていることから、これを控えなければならないという意味であることがわかる。

単語　□일회용 使い捨て　□실천 実践　□지키다 守る

4.

3000ウォン 割引券

● 割引券は他の人に譲渡できません。
● 50,000ウォン以上のお買い上げの際に使用できるクーポンです。
● 他のクーポンとの重複利用はできません。

① 割引商品　　② 販売先　　③ 使用期間　　④ 使用方法

正解 ④

割引券がいつ使えるか、使えないかといった具体的な説明が提示されている。

単語　□할인 割引　□양도하다 譲渡する　□구매하다 購入する
　　　□중복 重複

問題9-12

問題の種類・ポイント

問題9-12は資料の内容と一致するものを選ぶ〈タイプ③〉の問題です。

▶ **資料のタイプ別に頻出語彙を把握する。**

問題9-12は通常、案内文1問、図表（絵やグラフ）1問、説明文やエッセイ、記事などが2問出題されます。特に図表問題の場合、順位、数値、変化、比較、未来推測などの語彙を多く知っておくと、問題を解く時に役に立ちます。

▶ **選択肢の文を理解しながら、資料と一致しているか確認する。**

提示されている資料を丁寧に読むのではなく、4つの選択肢の文を理解し、解答に必要な内容を資料から探しましょう。時間を短縮することができます。

〈例題〉

9. 다음 글 또는 그래프의 내용과 같은 것을 고르십시오.

제3회 한마음 걷기 대회

- **일시:** 2019년 9월 14일 (토) 09:00~13:00
- **참가 대상:** 제한 없음
- **내용:** 3.8km 걷기 (시민공원부터 인주기념관까지)
- **참가비:** 무료

① 이 대회는 이번에 처음으로 열린다.
② 이 대회에는 누구나 참가할 수 있다.
③ 이 대회에 참가하려면 돈을 내야 한다.
④ 이 대회의 출발 장소는 인주기념관이다. 〈64회 TOPIK Ⅱ 읽기 기출문제〉

訳

9. 次の文章またはグラフの内容と一致するものを選びなさい。

第3回 一心（ハンマウム）ウォーキング大会

- **日時**：2019年9月14日（土）　9:00〜13:00
- **参加対象**：制限なし
- **内容**：3.8kmウォーキング（市民公園から仁州記念館まで）
- **参加費**：無料

① この大会は今回初めて開かれる。
② この大会には誰でも参加できる。
③ この大会に参加するにはお金を払わなければならない。
④ この大会の出発場所は仁州記念館だ。

〈64回TOPIKⅡ読解 過去問〉

解答・解説

▶ **選択肢の文を理解しながら、資料と一致しているか確認する。**

選択肢に目を通すと、②の文で「大会に誰でも参加できる」とある。
資料に「参加対象：制限なし」とあるので、正解は②である。

間違いノート

① 資料の見出し「第3回 一心（ハンマウム）ウォーキング大会」から、3回目の大会であることがわかる。
③ 資料の「参加費：無料」から、この文が資料と一致しないことがわかる。
④ 資料の「内容」を見ると、「市民公園から仁州記念館まで」と書かれているので、出発場所は市民公園である。

単語　□일시 日時　□참가 대상 参加対象　□제한 制限　□무료 無料
　　　□열리다 開かれる

練習問題

[1-2] 다음 글 또는 그래프의 내용과 같은 것을 고르십시오.

1.

제1회 한국 전통 음식 박람회

여름 방학 동안 한국의 전통 문화에 대해서 알아보자!

- 일정 : 5월 15일 ~ 5월 22일
- 시간 : 오전 10시 ~ 오후 6시
- 장소 : 서울 시청 앞
- 입장료 : 무료

※입장권은 인터넷으로 예매하시거나 현장 예매하시면 됩니다.
※선착순으로 입장하신 다섯 분에게 문화상품권을 증정해 드립니다.

① 이번 박람회는 5월 한 달간 열린다.
② 이번 박람회는 처음 열리는 행사이다.
③ 입장권은 인터넷으로만 예매할 수 있다.
④ 모든 관람객들에게 문화상품권을 선물로 준다.

2.

> 자기 전에 음악을 듣는 것이 수면의 질을 낮출 수 있다는 연구 결과가 나왔다. 이 연구에는 200명이 참여했으며 참가자들은 수면의 질과 음악 감상 습관 및 잠자기 전, 한밤중 깼을 때, 아침에 일어나자마자 특정 노래나 멜로디가 머릿속에서 끊임없이 맴도는 현상을 자주 경험하는지에 대한 설문에 답했다. 전문가들은 우리는 보통 음악이 수면에 도움이 된다고 생각하지만 연구 결과, 음악을 더 많이 듣는 사람일수록 수면의 질이 나빴다고 밝혔다. 그러므로 음악을 듣는 시간을 조절하거나 가끔 휴식을 취하고, 자기 전에는 음악을 듣는 것을 피하는 것이 좋다고 조언했다.

① 음악을 적게 듣는 사람들은 수면의 질이 나쁘다.
② 자기 전에 음악을 듣는 것이 수면의 질을 높일 수 있다.
③ 연구에 참여한 참가자들은 자신의 음악 감상 습관을 밝히지 않았다.
④ 많은 사람들은 자기 전에 음악을 듣는 것이 수면에 도움이 된다고 생각한다.

練習問題　訳と解答

[1-2] 次の文章またはグラフの内容と一致するものを選びなさい。

1.

第1回　韓国伝統料理博覧会

夏休みの間、韓国の伝統文化について調べてみよう！

- A 日程：5月15日〜5月22日
- 時間：午前10時〜午後6時
- 場所：ソウル市庁前
- 入場料：無料

※ B 入場券はインターネットで予約するか、会場で予約してください。
※ C 先着順で入場された5名様に文化商品券を贈呈いたします。

① 今回の博覧会は5月の1ヵ月間開かれる。
② 今回の博覧会は初めて開かれる行事である。
③ 入場券はインターネットでのみ予約できる。
④ すべての観覧客に文化商品券をプレゼントする。

正解 ②

① 今回の博覧会は5月の1ヵ月間開かれる。
→ A 今回の博覧会は8日間開かれる。
② 今回の博覧会は初めて開かれる行事である。→ ★正解
③ 入場券はインターネットでのみ予約できる。
→ B 入場券は会場で予約することも可能である。
④ すべての観覧客に文化商品券をプレゼントする。
→ C 先着順で入場した5名の観覧客に文化商品券をプレゼントする。

単語　□전통 伝統　□박람회 博覧会　□일정 日程　□현장 現場
　　　□선착순 先着順　□입장하다 入場する　□증정하다 贈呈する

出題順　問題演習　問題9-12

83

2.

　　B寝る前に音楽を聞くことが睡眠の質を下げる可能性があるという研究結果が出た。Cこの研究には 200 人が参加し、参加者は睡眠の質と音楽鑑賞の習慣および寝る前、夜中に起きた時、朝起きた直後に特定の歌やメロディーが頭の中で止まることなくぐるぐる回る現象を頻繁に経験するかについてのアンケートに答えた。★専門家は、「私たちは一般的に音楽が睡眠に役立つと思っているが、研究の結果、A音楽をより多く聞く人ほど睡眠の質が悪かった」と明らかにした。したがって、音楽を聞く時間を調節するか、たまに休息を取り、寝る前には音楽を聞くことを避けたほうがよいと助言した。

① 音楽をあまり聞かない人は睡眠の質が悪い。
② 寝る前に音楽を聴くことは睡眠の質を高めることができる。
③ 研究に参加した参加者は、自分の音楽鑑賞の習慣を明らかにしなかった。
④ 多くの人は寝る前に音楽を聴くことが睡眠に役立つと考えている。

正解 ④

① 音楽をあまり聞かない人は<u>睡眠の質が悪い</u>。
→ A音楽をより聞く人ほど睡眠の質が悪い。

② 寝る前に音楽を聴くことは<u>睡眠の質を高める</u>ことができる。
→ B寝る前に音楽を聴くことで睡眠の質を下げる可能性があるという研究結果が出た。

③ 研究に参加した参加者は、自分の音楽鑑賞の習慣を<u>明らかにしなかった</u>。
→ C研究に参加した参加者は、自分の音楽鑑賞習慣を明らかにした。

④ 多くの人は寝る前に音楽を聴くことが睡眠に役立つと考えている。
→ ★正解

単語　□수면 睡眠　□맴돌다 ぐるぐる回る　□현상 現象
　　　□조절하다 調節する　□피하다 避ける　□조언하다 助言する

問題13−15

問題の種類・ポイント

問題13−15は提示されている文を順番に並べる〈タイプ④〉の問題です。

▶ **文章の冒頭でよく使われる表現を手がかりに最初の文を探す。**

　文を順番に並べるためには、まず、冒頭に来る文を探します。一般的に、文章の最初の部分には主題となる語句の説明や、最近の社会情勢などの内容が出てきます。

▶ **後半に来る文の特徴を手がかりに文を順番に並べる。**

　後半に来る文には 이（この）、그（その）のような指示語や、前の文の理由を示す-(으)니까（〜から）のような表現が出てきます。하지만（しかし）のような接続語も文と文の間に出てくるので、後半に来る文として考えられます。また、内容をまとめたり、그러므로（そのため）のような結論を表す表現が使われている文は最後に来ることが多いと言えます。

〈例題〉

---

13. 다음을 순서대로 맞게 배열한 것을 고르십시오.

(가) 회사의 1층 로비를 외부인에게 개방하는 회사가 많아졌다.
(나) 사람들은 작품을 감상하고 커피를 마시면서 시간을 보낸다.
(다) 미술관과 카페를 만들어 사람들이 와서 즐길 수 있게 한 것이다.
(라) 이 공간을 이용하는 사람이 늘면서 회사의 이미지도 좋아지고 있다.

---

① (가)-(다)-(나)-(라)　　② (나)-(라)-(다)-(가)
③ (다)-(나)-(라)-(가)　　④ (라)-(나)-(가)-(다)

〈64회 TOPIK Ⅱ 읽기 기출문제〉

訳

13. 次を正しい順序に並べているものを選びなさい。

(가) 会社の1階ロビーを外部の人に開放する会社が多くなった。

(나) 人々は作品を鑑賞し、コーヒーを飲みながら時間を過ごす。

(다) 美術館とカフェを作って、人々が訪れて楽しめるようにしたのだ。

(라) この空間を利用する人が増え、会社のイメージも良くなっている。

① (가)-(다)-(나)-(라)　　② (나)-(라)-(다)-(가)

③ (다)-(나)-(가)-(라)　　④ (라)-(나)-(가)-(다)

〈64回 TOPIK Ⅱ 読解 過去問〉

解答・解説

▶ **文章の冒頭でよく使われる表現を手がかりに最初の文を探す。**

理由を示す表現、指示語が入った文は最初に来ることができないため、(다)、(라) を消去する。

▶ **後半に来る文の特徴を手がかりに文を順番に並べる。**

(나) の主語である「人々」の後ろに助詞 -은（～は）があることから、前の文で「人々」について言及されたことが推測できるので、(다)-(나) の順が適切である。(라) は 이 공간 (この空間) という指示表現があり、「空間の効果」を述べているので、最後の文になるのが適切である。後半に来る文の特徴、文の間の関係からも正解は①であることがわかる。

間違いノート

② (가) は「会社の1階ロビー」に関する内容であり、(나) は特定の場所で人々がやっていることに関する内容であることから、具体的な場所を紹介する (가) が (나) より先行しなければならない。

③ 理由表現 -어/아/여(서) を使った 만들어 (作って) があるため、冒頭の文として適切ではない。

④ 指示語 이 (この)、그 (その)、저 (あの) が入った文は冒頭の文として適切ではない。

単語　□로비 ロビー　□외부인 外部の者　□개방하다 開放する
　　　□이미지 イメージ

86

練習問題

[1-2] 다음을 순서대로 맞게 배열한 것을 고르십시오.

1.

> (가) '노블레스 오블리주'라는 말이 있다.
> (나) 도덕적 책임과 의무를 다하려는 사회지도층의 노력으로 국민들을 한 데
>   모으는 긍정적인 효과를 기대할 수 있다.
> (다) 이러한 의무는 최근 국내외 대기업 오너들의 실천으로 나타나고 있다.
> (라) 이는 명예를 가진 사람이나 사회적 지위가 높은 사람에게 요구되는 높
>   은 수준의 도덕적 의무를 뜻한다.

① (다)-(가)-(나)-(라)   ② (가)-(라)-(나)-(다)
③ (다)-(가)-(라)-(나)   ④ (가)-(라)-(다)-(나)

2.

> (가) 먼저 혈액순환을 활발히 하기 위해 무의식 중에 다리를 떤다.
> (나) 다리를 떠는 이유는 신체적인 이유와 정신적인 이유 두 가지로 설명할
>   수 있다.
> (다) 전문가들은 이런 사람들이 불안 심리에 지배돼 있어서 태아 때 자궁 안
>   에서 느끼던 모체의 심장박동을 다시 느끼기 위해 다리를 떤다고 한다.
> (라) 다른 한편으로 정서불안증을 가진 사람들이 다리를 떤다.

① (라)-(다)-(나)-(가)   ② (나)-(다)-(라)-(가)
③ (라)-(가)-(나)-(다)   ④ (나)-(가)-(라)-(다)

[1-2] 次を正しい順序に並べているものを選びなさい。

1.

(가)「ノブレス・オブリージュ」という言葉がある。

(나) 道徳的責任と義務を果たそうとする社会指導層の努力で国民を1つに
　　まとめる肯定的な効果が期待できる。

(다) このような義務は最近、国内外の大手企業のオーナーの実践として現
　　れている。

(라) これは名誉ある人や社会的地位の高い人に求められる高い水準の道徳
　　的義務を意味する。

正解 ④

(手順1)（가）か（다）が1番目の文になる。

(手順2)（다）は「このような義務は」のような前の内容を指す表現があ
　　　　るので、最初の文にはなれない。

(手順3)（가）で始まる内容で構成すると、（라）が（가）の意味を説明す
　　　　る文として続くのが自然である。

(手順4)（라）の「道徳的義務」「名誉ある人や社会的地位の高い人」はそ
　　　　れぞれ（다）の「このような義務」「大手企業のオーナー」に言
　　　　い換えられているので、（라）に（다）が続くのが自然である。

単語　□도덕적 道徳的　□의무 義務　□지도층 指導層　□명예 名誉
　　　□요구되다 求められる　□수준 水準

2.

(가) まず、血液循環を活発にするために無意識に足を揺らす。

(나) 足を揺らす理由は、身体的な理由と精神的な理由の2つで説明できる。

(다) 専門家は、このような人々が不安心理に支配されているため、胎児の時に子宮内で感じていた母体の心臓の拍動を再び感じるために足を揺らすという。

(라) 一方で不安症の人たちが足を揺らす。

正解 ④

(手順1) (나) か (라) が1番目の文になる。

(手順2) (라) は「一方で」で始まっているので、前の文に反対の状況が提示されなければならないことがわかる。したがって、最初の文は (나) になる。

(手順3) (다) を見ると、専門家が「このような人々」について説明しているので、(다) の前に (라) のように「足を揺らす人々」が言及されていなければならない。

単語　□혈액순환 血液循環　□무의식 無意識　□지배되다 支配される
　　　□태아 胎児　□자궁 子宮　□모체 母体　□심장박동 心臓拍動
　　　□정서불안증 情緒不安症（不安症）

問題16-18

問題の種類・ポイント

問題16-18は空欄に適切な内容を入れる〈タイプ⑤〉の問題です。

▶ **冒頭の文から文章の内容を推測する。**
　空欄に入る適切な内容を選ぶ問題は、一般的に冒頭の文にキーワードが提示されます。したがって、どんな内容が展開されるのか冒頭の文から推測できます。

▶ **空欄のある文の前後の文の流れを把握する。**
　空欄のある文の前後の文には多くの手がかりが隠されています。また、文章の後半部分で空欄のある文の内容を補っている場合が多いです。この部分の内容を適切に置き換えている選択肢を探すとよいでしょう。

▶ **選択肢の意味を丁寧に確認する。**
　空欄の後ろにある修飾すべき単語を確認します。選択肢によって内容が大きく変わってしまうため、選択肢の意味を丁寧に確認しましょう。

〈例題〉

---

16. 다음을 읽고 (　　　) 안에 들어갈 내용으로 가장 알맞은 것을 고르십시오.

> 상담을 통해 책을 추천해 주는 서점이 있어 화제가 되고 있다. 서점 주인은 손님과 오랜 시간 대화를 나눈 후 (　　　) 책을 추천해 준다. 상처받은 사람에게는 위로가 되는 책을, 자신감이 부족한 사람에게는 용기를 주는 책을 추천하는 방식으로 서비스를 제공한다.

訳

16. 次を読んで（　　　）の中に入る内容として最も適切なものを選びなさい。

　相談を通じて本を推薦してくれる書店があり、話題になっている。書店のオーナーはお客さんと長い時間話をした後、（　　　）本を推薦してくれる。傷ついた人には慰めになる本を、自信が足りない人には勇気を与える本を推薦する形でサービスを提供する。

① 内容が面白い　　② 知識を伝える
③ 人々がたくさん読む　　④ お客さんの状況に合う

〈64回 TOPIK Ⅱ 読解　過去問〉

解答・解説

▶ **冒頭の文から文章の内容を推測する。**

　冒頭の文で「相談をしてくれる書店」に関する話が提示されている。一般的な書店ではなく「相談」をしているということが特徴であることから、これと関連した内容が続いて出てくると推測できる。

▶ **空欄のある文の前後の文の流れを把握する。**

　空欄のある文の前の文には「相談を通じて本を推薦」とあり、後の文の内容は「各自に合った本を推薦する」という内容になっている。つまり、書店のオーナーが相談を通じてお客さんに合った本を推薦することがわかる。

▶ **選択肢の意味を丁寧に確認する。**

　上記の内容に基づいて書店のオーナーがお客さんに適切な本を推薦するという④が正解である。

間違いノート

① お客さんが単に面白さのために本を読むという内容がないので、正解

ではない。

② 「慰めになる本」「勇気を与える本」というのは、「知識を伝える本」と
は関連性が薄い。

③ 書店のオーナーがお客さんとの話を通じて適切な本を選ぶという内容
とは関係がないため、誤答である。

練習問題

[1-2] 다음을 읽고 (　　　) 안에 들어갈 내용으로 가장 알맞은 것을 고르십
시오.

1.

> 살다 보면 누구나 다른 사람에게 사과해야 할 때가 있다. 이럴 때 무엇보다
> 중요한 것은 사과하는 사람의 (　　　) 태도이다. 문제가 생긴 후 상대에
> 게 곧바로 사과했다 하더라도 진심이 보이지 않는 사과는 받지 않는 것보다
> 상대를 더 기분 나쁘게 하곤 한다.

① 매우 당당한　　　　② 감정에 충실한
③ 잘못을 인정하는　　　④ 의견을 결정하는

2.

> 바쁜 일상을 살아가는 현대인들은 거창한 식사보다 과일이나 우유로 간단
> 하게 아침 식사를 해결하는 경우가 많다. 특히 먹기 편한 바나나, 사과 같은
> 과일은 식사 대용으로 인기가 많은데 모든 사람에게 적합한 것은 아니다. 포
> 드맵(FODMAP)이 높은 과일이나 우유가 (　　　) 사람이 먹을 경우 속을
> 더 불편하게 하기 때문이다.

① 반드시 필요한　　　② 체질에 맞지 않는
③ 항상 먹는 음식인　　④ 건강에 꼭 필요한

[1−2] 次を読んで（　　　　）の中に入る内容として最も適切なものを選びなさい。

1.

　　A 生きていれば、誰もが他人に謝らなければならない時がある。その時、C 何より大事なことは謝罪する人の（　　　　）態度だ。トラブルが生じた後、相手に直ちに謝罪したとしても、B 真心の見えない謝罪は、謝罪を受けないことより相手をもっと不愉快にすることもある。

① 非常に堂々とした　　② 感情に忠実な
③ 過ちを認める　　　　④ 意見を決める

正解 ③
A 他の人に謝る時がある。
B しかし、真心が感じられない謝罪は、相手をさらに不愉快にする。
→ したがって、C 何より重要なのは謝罪する人の（過ちを認める）態度である。

単語 □사과하다 謝る　□태도 態度　□곧바로 直ちに

2.

　忙しい日常を送っている A 現代人は、大層な食事より果物や牛乳で簡単
に朝食をすます場合が多い。特に食べやすいバナナ、リンゴのような果物は
B 食事の代わりとして人気があるが、すべての人に適しているわけではな
い。 C フォドマップ（FODMAP）が高い果物や牛乳が、（　　　　　）人が
食べる場合、お腹をより不快にさせるからである。

① 必ず必要な　　　　　　　　② 体質に合わない
③ いつも食べている物である　　④ 健康に必ず必要な

正解 ②

A 果物、牛乳を朝食代わりにする人が多い。

B しかし、すべての人に適しているわけではない。

→ なぜなら、 C フォドマップの高い果物や牛乳が、（体質に合わない）人
　が食べる場合、お腹をより不快にさせるからである。

単語　□거창하다 大層だ　□간단하다 簡単だ　□적합하다 適する

94

問題 19–20

問題の種類・ポイント

問題19は接続語を入れる〈タイプ⑤〉の問題、**問題20**は文章の内容と一致するものを選ぶ〈タイプ③〉の問題です。

〈問題19〉

▶ **文章の全体的な内容を把握する。**

具体的な内容を細かく分析するより、全体的な内容を理解することが重要です。不慣れなテーマや単語が出てきても、慌てずに文章を最後まで読み、文章の流れを把握するのがよいでしょう。

▶ **文章の流れを把握し、筆者の意図を把握する。**

最初から最後まで（同じ内容として）文章の流れが続いたり、相反する内容が提示されたりもします。空欄を基点に前後の流れが変わったのか、同じ内容が述べられているのかを把握しましょう。

▶ **意味別に接続語をまとめてあらかじめ学習しておく。（表現リスト　p.214 参照）**

接続語を意味別にまとめて学習しておけば、効率的に問題を解くことができます。

〈問題20〉

▶ **文章の大まかな内容を素早く把握する。**

問題19と一緒に出題されることから、文章が完全な内容ではないため、内容を把握することが困難に感じるかもしれません。空欄の内容や語句を細かく理解しようとせず、文章の主題となる語句をキーワードに全体的な内容の流れをまずは素早く把握しましょう。

▶ **選択肢の文の内容を提示されている文章から探す。**

上記のように全体的な内容を素早く把握した後、提示されている文章の

中から選択肢の内容を探して、一致しているかを確認します。一致していない部分を消去しながら答えを選びましょう。

〈例題〉

[19-20] 다음을 읽고 물음에 답하십시오.

> 해파리는 몸의 95%가 물로 구성되어 있어 열량이 낮다. 그래서 해파리를 먹고 사는 동물이 거의 없다고 알려져 있었다. 하지만 새나 펭귄, 뱀장어 등 많은 동물들에게 해파리는 좋은 먹잇감이다. 해파리에는 비타민이나 콜라겐 같은 영양 성분이 있기 때문이다. (   ) 해파리는 바다 어디에나 있고 도망치지 않아 사냥하기 쉽기 때문이다.

19. (   )에 들어갈 알맞은 것을 고르십시오.

① 과연   ② 만약   ③ 게다가   ④ 이처럼

20. 위 글의 내용과 같은 것을 고르십시오.

① 해파리는 바다 생태계에 피해를 준다.
② 해파리는 잡기 어려운 먹이 자원이다.
③ 해파리는 여러 동물의 먹이가 되고 있다.
④ 해파리는 대부분 콜라겐으로 이루어져 있다.

〈64회 TOPIK II 읽기 기출문제〉

訳
[19-20] 次を読んで、問題に答えなさい。

　クラゲは体の95%が水で構成されており、カロリーが低い。そのため、クラゲを食べて生きる動物がほとんどいないと理解されていた。しかし、鳥やペンギン、ウナギなど、多くの動物にとってクラゲは良い獲物である。

クラゲにはビタミンやコラーゲンのような栄養成分があるからだ。（　　　　　）
クラゲは海のどこにでもいて逃げないため、狩りやすいからである。

19.（　　　）に入る適切なものを選びなさい。

① やはり（果たして）　　② もしも　　③ さらに　　④ このように

20. 上の文章の内容と一致するものを選びなさい。

① クラゲは海洋生態系に被害を与える。
② クラゲは獲りにくい餌となる資源だ。
③ クラゲはさまざまな動物の餌食になっている。
④ クラゲはほとんどコラーゲンでできている。

〈64回 TOPIK Ⅱ 読解 過去問〉

19.

解答・解説

▶ **文章の全体的な内容を把握する。**

　クラゲは多くの動物にとって良い獲物であり、ビタミンやコラーゲン
のような栄養成分がある上に、狩りやすいという部分から「餌として
のクラゲ」に関する内容であることがわかる。

▶ **文章の流れを把握し、筆者の意図を把握する。**

　多くの動物にとってはクラゲが良い獲物だと述べて、獲物としてのク
ラゲの利点を説明している。空欄の次の文でもクラゲが良い獲物にな
る理由を述べているので、正解は③の「さらに」である。

間違いノート

① 과연（やはり、果たして）は主に、考えていること（期待していること）
と実際の状況が一致する時に強調して使う表現であるため、誤答である。
② 만약（もしも）は起きていない状況を仮定する時に使う表現であるため、
正解ではない。
④ 이처럼（このように）は前の内容のように、後ろの内容が続く時に使
う表現であるため、誤答である。

20.

▶ **文章の大まかな内容を素早く把握する。**

この文章は「クラゲ」をテーマにした説明文で、クラゲの体の構成、クラゲを餌とする動物、クラゲの栄養成分、クラゲの生息地などの内容で構成されている。

▶ **選択肢の文の内容を提示されている文章から探す。**

選択肢の③の文で「クラゲがさまざまな動物の餌食になっている」と述べているが、文章の3文目の「鳥やペンギン、ウナギなど多くの動物にとってクラゲは良い獲物だ」という部分から、さまざまな動物の餌食になっていることが確認できる。したがって正解は③となる。

間違いノート

① クラゲが海洋生態系に被害を与えるという内容であるが、文章には海洋生態系に被害を与えているという内容はない。

② クラゲが獲りにくい餌となる資源だと述べているが、最後の文には「クラゲは海のどこにでもいて逃げないため、狩りやすいからである」という説明が出てくる。

④ クラゲがほとんどコラーゲンで構成されていると述べているが、文章には「クラゲは体の95%が水で構成されており、カロリーが低い」とある。

単語　□해파리 クラゲ　□**구성되다** 構成される

□**열량** カロリー（エネルギー）　□**알려지다** 知られる

□**먹잇감** 獲物　□**영양 성분** 栄養成分　□**사냥하다** 狩りをする

□**생태계** 生態系

練習問題

問題 19

[1-2] ( )에 들어갈 알맞은 것을 고르십시오.

1.

> 아빠들도 육아 휴직을 받을 수 있는 시대가 도래했다. 이미 일부 선진국에서는 남성들의 육아 휴직이 일반적인 제도가 되었다. ( ) 한국에서는 제도의 긍정적인 영향과는 별개로 남성들의 육아휴직 사용을 낯설어하는 사람들이 많다. 비단 직장인뿐만 아니라 기업 역시 시행착오를 겪으며 제도의 허점을 개선하는 중에 있어 기업과 휴직 대상자가 육아 휴직 제도를 적극적으로 활용까지 다소 시간이 걸릴 것으로 보인다.

① 비록   ② 반면   ③ 과연   ④ 물론

2.

> 가축의 몸에 눈을 그리는 것만으로도 맹수의 공격을 피할 수 있다는 연구 결과가 나왔다. 맹수의 공격으로 골머리를 앓던 축산업 종사자들과 한 대학교의 연구팀이 최근 5년간 연구한 결과, 가축의 엉덩이에 눈을 그리면 맹수의 공격이 대폭 줄어드는 것으로 나타났다. 이는 맹수들이 항상 다른 동물의 뒤쪽에서 공격하는 성향을 역으로 이용한 것인데 몸 앞뒤의 구분이 모호하도록 엉덩이에 눈을 그린 결과 공격을 멈추었다는 것이다. ( ) 눈이 아니라 엉덩이에 선만 긋더라도 아무것도 그리지 않은 가축들이 공격을 받는 수보다 크게 감소한 것으로 확인되었다.

① 그러면   ② 하지만   ③ 게다가   ④ 차라리

問題20

[1-2] 이 글의 내용과 같은 것을 고르십시오.

1.

> 우유는 몸에도 좋지만 상한 뒤에도 활용할 수 있는데 모르는 사람들이 많다. 작은 얼룩이 생겼을 때 굳이 드라이클리닝을 맡기지 않아도 우유를 뿌린 후 칫솔로 문질러서 물로 충분히 헹구면 된다. (   ) 광택 효과가 뛰어나서 구두나 가죽 가방, 소파에 우유를 적신 천으로 문지르면 광이 난다. 이러한 우유는 잡내 제거에도 효과가 있기 때문에 우유에 약 10분 정도 고기나 생선을 담가 두면 잡내가 사라지고 육질이 더욱 부드러워진다.

① 얼룩이 생겼을 때 우유로 충분히 헹구면 된다.
② 우유는 상한 뒤에 마실 수 없기 때문에 버리는 것이 좋다.
③ 우유를 적신 천으로 구두를 닦으면 새 구두처럼 빛이 날 수 있다.
④ 우유에 10분 정도 고기나 생선을 넣어 두면 좋지 않은 냄새가 생길 수 있다.

2.

> 지자체의 많은 노력에도 불구하고 무단횡단을 하는 사람들의 수는 증가하고 있다. 그 이유는 자신이 가려는 목적지를 빨리 가려는 마음이 앞서거나 바쁜 일상에 쫓겨서 시간을 단축하려고 하기 때문이다. (   ) 무단횡단 자체를 대수롭지 않게 생각하기 때문에 무심코 하게 된다는 이유도 있다. 이러한 행동은 자신을 위험에 스스로 노출시키는 것이다. 도로 위의 안전은 자신 스스로 지켜야 하며 교통법규를 준수하여 안전한 교통 문화 정착을 위해 모두가 노력해야 한다.

① 무단횡단 문제에 대해 지자체는 관심이 없다.
② 무단횡단을 하는 이유는 하나이기 때문에 쉽게 해결될 수 있다.
③ 무단횡단은 다른 사람을 위험에 노출시키는 행위라고 할 수 있다.
④ 사고가 나지 않는 안전한 도로를 위해서 모두의 노력이 필요하다.

問題 19

[1-2] (　　　) に入る適切なものを選びなさい。

1.

　Ａ父親も育児休業が取得できる時代が到来した。すでに一部の先進国では男性の育児休業が一般的な制度になっている。(　　　) Ｂ韓国では制度の肯定的な影響はさておき、男性の育児休業の利用に慣れていない人が多い。単に会社員だけでなく、会社も試行錯誤を経験し、制度の弱点を改善しているところであって、企業と休職対象者が育児休業制度を積極的に活用するまでやや時間がかかりそうだ。

① たとえ　　② 一方　　③ やはり（果たして）　　④ もちろん

正解 ②

Ａ父親も育児休業が可能になった。

Ｂまだ育児休業の利用に慣れていない男性が多い。

→ 空欄の前の内容と相反する内容が空欄の後ろに提示されているので②반면（一方）が適切である。

単語　□육아 育児　□휴직 休職　□선진국 先進国　□제도 制度
　　　□시행착오 試行錯誤

2.

　Ａ家畜の体に目を描くだけでも猛獣の攻撃を避けることができるという研究結果が出た。猛獣の攻撃で頭を悩ませていた畜産業従事者とある大学の研究チームが最近 5 年間研究した結果、家畜のお尻に目を描いておけば、猛獣の攻撃が大幅に減ることがわかった。これは猛獣が常に他の動物の後方から攻撃する習性を逆に利用したことだが、体の前後の区分が曖昧になるようにお尻に目を描いた結果、攻撃を止めたということである。(　　　) Ｂ目

ではなくお尻に線だけを引いても、何も描いていない家畜が攻撃を受ける回数より大幅に減少したことが確認された。

① それでは　　② しかし　　③ さらに　　④ いっそのこと

問題20
[1-2] 文章の内容と一致するものを選びなさい。

1.

B 牛乳は体にも良いが、腐った後も活用できるのに、知らない人が多い。小さいシミがついた時、わざわざドライクリーニングに出さなくても A 牛乳を噴射した後、歯ブラシでこすって、水で十分に洗い流せばよい。（　　　　　）ツヤ出し効果が優れているため、★靴や本革バッグ、ソファーに牛乳を浸した布でこするとツヤが出る。このような牛乳は臭み除去にも効果があるため、C 牛乳に約10分程度肉や魚を漬けておくと、臭みが消えて肉質がさらに柔らかくなる。

① シミがついた時、牛乳で十分に洗い流せばよい。
② 牛乳は腐った後に飲むことができないため、捨てた方がよい。
③ 牛乳を浸した布で靴を磨くと新しい靴のようにツヤが出る。
④ 牛乳に10分程度肉や魚を入れておくとよくない臭みが生じることもある。

正解 ③

① シミがついた時、牛乳で十分に洗い流せばよい。

→ **A** シミがついたら牛乳を噴射し、歯ブラシでこすってから水で洗い流す。

② 牛乳は腐った後に飲むことができないため、捨てた方がよい。

→ **B** 牛乳は腐った後にいろいろ活用できる。

③ 牛乳を浸した布で靴を磨くと新しい靴のようにツヤが出る。

→ ★正解

④ 牛乳に10分程度肉や魚を入れておくとよくない臭みが生じることもある。

→ **C** 牛乳に肉や魚を漬けておくと臭みが消える。

単語 □활용 活用　□굳이 わざわざ　□문지르다 こする
　　　□헹구다 洗い流す　□광택 光沢　□잡내 臭み　□제거 除去
　　　□육질 肉質

2.

　A 自治体の多くの努力にもかかわらず、*無断横断をする人の数は増加している。**B** その理由は、自分の目的地に早く行こうとする気持ちが先に立ったり、忙しい日常に追われて時間を短縮しようとしたりするからである。（　　　　）無断横断それ自体を大したことではないと思っているため、思わずやってしまうという理由もある。**C** こうした行動は自分自身を危険にさらす行為である。道路上の安全は自ら守らなければならず、交通法規を遵守して★安全な交通文化の定着のために皆が努力しなければならない。

　　　　　　　*信号を無視したり、横断歩道のない場所を渡ること。

① 無断横断の問題について、自治体は関心がない。

② 無断横断をする理由は一つであるため、簡単に解決できる。

③ 無断横断は他の人を危険にさらす行為だと言える。

④ 事故が起きない安全な道路にするためにみんなの努力が必要である。

正解 ④

① 無断横断の問題について、<u>自治体は関心がない</u>。

→ [A]自治体は無断横断の問題に対して努力している。

② <u>無断横断をする理由は一つであるため</u>、簡単に解決できる。

→ [B]無断横断をする理由はさまざまである。

③ 無断横断は<u>他の人</u>を危険にさらす行為だと言える。

→ [C]無断横断は自分自身を危険にさらす行為である。

④ 事故が起きない安全な道路にするためにみんなの努力が必要である。

→ ★正解

単語　□지자체 自治体　□무단횡단 無断横断　□단축하다 短縮する

　　　□자체 自体　□대수롭다 大したことない　□무심코 思わず

　　　□준수하다 遵守する　□정착 定着

問題21-22

問題の種類・ポイント

問題21は慣用表現を入れる〈タイプ⑤〉の問題、**問題22**は文章の中心となる考えを選ぶ〈タイプ⑦〉の問題です。

〈問題21〉

▶ **選択肢を読んで意味を把握する。**

適切な慣用表現を探す問題は選択肢の意味がわからないと正解を選ぶことが難しいので、選択肢の意味を把握した後に文章を読むのが効率的といえます。

▶ **空欄のある文の主語と述語を明らかにする。**

空欄に入る慣用表現が示している箇所を探しましょう。また、空欄のある文の主語や述語を探し、空欄に慣用表現を入れた時、きちんと文脈に沿った形になっているかを確認する必要があります。

▶ **TOPIK試験に頻出の慣用表現をあらかじめ学習しておく。(表現リスト p.220参照)**

慣用表現は文字通りの意味にならないことが多いため、あらかじめ学習し、どんな状況で使われるのかを理解しておきましょう。

〈問題22〉

▶ **文章の冒頭の文を素早く読んで内容を把握する。**

問題22の場合、冒頭の文からキーワードを見つけることができる場合が多いです。冒頭の文を念頭に置きながら最後の文を読めば、キーワードに対する筆者の中心的な考えを推測することができます。

▶ **冒頭の文を念頭に置きながら最後の文を読んで文章の目的を推測する。**

最後の文では、따라서(したがって)、그러므로(そのため)、그러나(しかし)のような接続語が出てくることがあります。接続語の後ろには筆

者の中心的な考えが出てくることが多いので、注意深く読みましょう。

〈例題〉

[21-22] 다음을 읽고 물음에 답하십시오.

내비게이션은 목적지까지 길을 안내해 주는 기기이다. 내비게이션이 없이 낯선 곳에 갔다가 길을 못 찾아 (   ) 본 적이 있는 사람이라면 내비게이션이 얼마나 편리한지 느꼈을 것이다. 그러나 우리의 뇌는 스스로 정보를 찾았을 때 그 정보를 오래 기억하는 특성이 있다. 따라서 지나치게 디지털 기기에만 의존하다 보면 정보를 찾고 기억하는 능력이 점점 줄어들어 결국 그 능력을 사용할 수 없게 될지도 모른다.

21. (   )에 들어갈 알맞은 것을 고르십시오.

① 앞뒤를 재어   ② 진땀을 흘려
③ 발목을 잡아   ④ 귀를 기울여

22. 위 글의 중심 생각을 고르십시오.

① 디지털 기기는 편리한 생활을 위해 필요하다.
② 운전자에게 내비게이션은 활용도가 매우 높다.
③ 스스로 정보를 찾고 기억하려는 노력을 해야 한다.
④ 내비게이션을 잘 활용하면 기억력 향상에 도움이 된다.

〈64회 TOPIK Ⅱ 읽기 기출문제〉

訳

【21-22】 次を読んで、問題に答えなさい。

　ナビゲーションは目的地まで道を案内してくれる機器である。ナビゲーションなしで不慣れな場所に行って道に迷い（　　　　）みたことがある人なら、ナビゲーションがどれほど便利であるかを感じたはずだろう。しかし、私たちの脳は自ら情報を探した時、その情報を長く記憶する特性がある。したがって、過度にデジタル機器だけに依存していると、情報を探して記憶する能力が次第に低下し、結局その能力が使えなくなるかもしれない。

21. （　　　　）に入る適切なものを選びなさい。

① 前後を測って　　　② 脂汗を流して
③ 足首をつかんで　　④ 耳を傾けて

22. 上の文章の中心となる考えを選びなさい。

① デジタル機器は便利な生活のために必要だ。
② ドライバーにとってナビゲーションは活用度が非常に高い。
③ 自ら情報を探し、記憶しようとする努力をしなければならない。
④ ナビゲーションをうまく活用すれば、記憶力の向上に役立つ。

〈64回TOPIK Ⅱ読解 過去問〉

21.

解答・解説

▶ **選択肢を読んで意味を把握する。**
　慣用表現は文字通りではない別の意味を含んでいる。まずは選択肢に目を通し、次に文脈を理解しよう。

▶ **空欄のある文の主語と述語を明らかにする。**
　空欄のある文の主語は「（　　　　）みたことがある人」で、述語は「感じたはずだろう」である。不慣れな場所で道に迷った人がナビゲーションがどれほど便利であるかを感じたということであるが、不慣れな場所で道に迷った際の一般的な感情を考えてみると、非常に大変で、苦労したということが推測できる。したがって、このような意味が込められている②が正解である。

間違いノート

① 앞뒤를 재다（前後を測る）とは、あることに対する自分の損得を考えるという意味なので誤答である。

③ 발목을 잡다（足首をつかむ）は、仕事を進めるのに役に立たず邪魔になるという意味であるため、誤答である。

④ 귀를 기울이다（耳を傾ける）は傾聴して聞く時に使う表現であるため、正解ではない。

22.

解答・解説

▶ **文章の冒頭の文を素早く読んで内容を把握する。**
冒頭の文に「ナビゲーション」がどんな物であるかに関する説明が出てきて、人々に道を案内するという良い機能を持っている機器であることを示している。

▶ **冒頭の文を念頭に置きながら最後の文を読んで文章の目的を推測する。**
最後の文は接続語で始まり、「したがって、過度にデジタル機器だけに依存していると、情報を探して記憶する能力が次第に低下し、結局その能力が使えなくなるかもしれない」と述べている。この部分から、ナビゲーションは便利な機能を提供するが、機器に依存するのではなく、自ら情報を探して記憶しようとする努力が必要だという筆者の考えがうかがえる。よって、正解は③である。

間違いノート

①・② 2文目にデジタル機器であるナビゲーションが便利で、活用度が高いという内容は出てくるが、次の文に接続語 그러나（しかし）が使われていることから、この内容は筆者の中心的な考えではないことがわかる。

④ 最後の文で、記憶する能力が低下するという内容が出てくるため、誤り。

単語　□목적지 目的地　□낯설다 不慣れだ　□편리하다 便利だ
　　　□뇌 脳　□특성 特性　□지나치다 過度だ　□기기 機器
　　　□의존하다 依存する　□활용하다 活用する　□향상 向上

練習問題

問題21

[1-2] (　　　) 안에 들어갈 알맞은 것을 고르십시오.

1.

平균 수명이 늘어남과 동시에 혼자 사는 노년층이 급속도로 증가하고 있다. 특히 질병이 있는 노인들은 사회적 사각지대에 놓여 적절한 보살핌을 받지 못하는 경우가 많다. 이 중에서도 가장 문제가 되는 것은 치매 노인들이다. 자신을 온전히 챙기기 어려운 심신 상태에서 세금이 미납되어 살 곳을 잃거나 법적 분쟁이 휘말리기도 한다. 바로 옆집에 사는 이웃과도 (　　　) 지내는 현대인들이 많은 요즘, 사각지대에 놓인 노인들을 구제하기 위해 치매 공공후견인 제도가 시행되고 있다. 이들은 정기적으로 치매 노인들을 방문하여 이들의 생활 전반을 보필한다. 이처럼 시대의 흐름을 반영한 해당 제도는 향후 단계적으로 확대될 예정이다.

① 손을 떼고　　② 발을 빼고　　③ 담을 쌓고　　④ 이를 갈고

2.

신문이나 잡지와 같은 인쇄물을 정기적으로 받아 읽는 것을 '구독'이라 한다. 그런데 요즘은 '구독'이라는 단어가 활자물에 한정되지 않고 꽃, 음식, 그림 심지어는 속옷에 이르기까지 다양한 물품들과 같이 사용되고 있다. 인쇄물 외에 다른 물품들의 '구독'이란 개개인의 취향에 맞춰 정기적으로 상품을 배송하는 시스템인데 처음에는 소비자의 취향을 고려하지 않고 업체가 임의적으로 상품을 선택한다. 그러나 여러 번의 배송을 통해 고객의 의견에 적극적으로 (　　　) 개개인의 취향을 분석하고 정기적으로 이에 맞는 꽃이나 그림 등을 구독자에게 배송한다.

① 귀를 기울여　　② 진땀을 흘려　　③ 앞뒤를 재어　　④ 고개를 숙여

問題 22

[1-2] 글의 중심 생각을 고르십시오.

1.

> 최근 들어 많은 직장인들에게 '투잡' 열풍이 불고 있다. 퇴근 후에도 영상 촬영과 편집, 강사 활동, 개인 사업 등 개인의 취미와 능력을 살려 '부업'을 이어간다. 단순히 미래에 대한 막연한 불안감이나 경제적인 문제 때문에 생긴 현상은 아니다. 직장인들은 어쩔 수 없이 부업을 하는 것이 아니라 스스로 부업을 선택한다. 직장인들은 부업을 통해 본업에서 느낄 수 있는 즐거움과는 다른 즐거움을 찾을 수 있기 때문이다. 뿐만 아니라 회사에서는 뽐내기 어려운 재능, 개성을 부업에서는 상대적으로 마음껏 나타낼 수 있기 때문에 이로 인해 얻게 되는 쾌감이 삶의 원동력이 된다.

① 퇴근 후에 부업을 하는 것은 쉬운 일이 아니다.
② 부업은 직장인들에게 긍정적인 영향을 줄 수 있다.
③ 회사에서는 개인의 재능과 개성을 마음껏 뽐낼 수 없다.
④ 미래에 대한 막연한 불안감과 경제적인 문제가 '투잡' 열풍의 원인이 되었다.

2.

> 일본 작가의 책에서 알려지게 된 새로운 결혼의 형태가 있다. 부부가 이혼하지 않은 상태로 각자 자신의 삶을 즐기는 결혼 형태이다. 이를 '졸혼'이라고 부르는데 '결혼을 졸업한다'는 뜻이다. 졸혼을 통해 부부는 서로를 간섭하지 않고 각자 자유롭게 사는 생활할 수 있다. 졸혼 상태의 부부는 혼인 관계를 지속하면서도 각자의 삶을 살기 때문에 대개 정기적으로 만나며 좋은 관계를 유지한다. 결혼이라는 틀을 깨지 않고도 자유롭게 생활할 수 있다는 점에서 자녀들의 독립 후, 결혼과 부부관계의 부담감에서 벗어나기 위해 졸혼을 선택하는 부부가 늘어날 것으로 보인다. 또한 늘어난 평균 수명으로 인해 과거보다 결혼 기간이 길어지면서 삶의 일정 기간은 오로지 자신에게 투자하려는 사람들이 늘었기 때문에 앞으로 졸혼의 증가는 더욱 가속화될 전망이다.

① 졸혼을 비판적으로 바라보는 사람들이 많다.
② 이혼하는 것보다 졸혼을 선택하는 것이 더 좋다.
③ 결혼 생활에서 혼인 관계를 유지하는 것이 가장 중요하다.
④ 졸혼의 장점으로 인해 앞으로 많은 부부가 졸혼을 선택할 것이다.

問題21

[1-2]（　　　）の中に入る適切なものを選びなさい。

1.

　平均寿命が延びると同時に、一人暮らしの高齢者層が急速に増加している。特に A 病気のある高齢者は社会的死角地帯に置かれ、適切なケアを受けられない場合が多い。この中でも最も問題になるのは認知症の高齢者である。自分自身をまともに守ることが難しい心身の状態で税金が未納になり、住む所を失ったり法的紛争に巻き込まれたりもする。B すぐ隣に住んでいる隣人とも（　　　）生活している現代人が多いこのごろ、死角地帯に置かれている高齢者を救済するために認知症の公共後見人制度が施行されている。彼らは定期的に認知症の高齢者を訪問し、高齢者の生活全般をケアする。このように時代の流れを反映している該当の制度は今後段階的に拡大する予定である。

① 手を引いて　　② 足を抜いて　　③ 塀を築いて　　④ 歯ぎしりをして

正解 ③

空欄は後ろに続いて出てくる「現代人」を修飾している。A と B のどちらにも「死角地帯に置かれている」高齢者の説明が出てくる。したがって、隣人とのコミュニケーションが断絶されたという意味の 담을 쌓고（塀を築いて）が正解。②は身を引いて、④は悔しがってという意味。

単語　□평균 平均　□질병 疾病　□사회적 社会的　□사각지대 死角地帯（関心や影響が及ばないところの比喩的表現で、ここでは福祉制度が使えない層のこと）　□분쟁 紛争　□반영하다 反映する

2.

　新聞や雑誌のような印刷物を定期的に受け取って読むことを「購読」とい

う。ところが最近は「購読」という単語が活字の品物に限らず、花、食べ物、絵、さらには下着に至るまで多様な品物と一緒に使われている。印刷物のほかに、他の品物の「購読」とは個々人の好みに合わせて定期的に商品を配送するシステムであるが、A 最初は消費者の好みを考慮せず、業者が任意で商品を選択する。B しかし、数回の配送を通して顧客の意見に積極的に（　　　　）個々人の好みを分析し、定期的にそれに合わせた花や絵などを購読者（利用者）に配送する。

① 耳を傾けて　　　② 脂汗を流して
③ 前後を測って　　④ 頭を下げて

正解 ①

A で初回購入時には企業が消費者の好みを考慮しないが、B で配送を繰り返す中で積極的に好みを分析すると述べている。したがって、他の人の話を集中して聞くという意味の 귀를 기울여（耳を傾けて）が正解。②は汗水を流す、③は自分の損得を考えるという意味。

単語　□정기적 定期的　□구독 購読（サブスクリプション）
　　　□한정되다 限定される　□취향 好み　□고려하다 考慮する
　　　□임의적 任意的　□배송하다 配送する

問題22

[1-2] 文章の中心となる考えを選びなさい。

1.

　最近になって多くの会社員に「副業（two job）」ブームが巻き起こっている。帰宅後にも動画撮影と編集、講師活動、個人事業など個人の趣味と能力を生かして「副業」を続けていく。単に未来に対する漠然とした不安感や経済的な問題のために生じた現象ではない。会社員はやむを得ず副業をするわけではなく、自ら副業を選択する。会社員は副業を通じて本業で感じられる楽しさとは異なる楽しさを見つけることができるからである。それだけでな

く、会社では発揮できない才能、個性を副業では比較的思う存分表すことができるため、それによって得られる快感が人生の原動力となる。

① 帰宅後に副業をするのは、簡単なことではない。
② 副業は会社員に肯定的な影響を与えることができる。
③ 会社では個人の才能と個性を思う存分発揮することはできない。
④ 未来に対する漠然とした不安感と経済的な問題が「副業（two job）」ブームの原因となった。

正解 ②

会社員の副業に関する文章であるが、文章の中心となる考えは一般的に後半部で素早く把握することができる。文章の後半部で会社員が副業を通じて本業と異なる楽しさを見つけ、才能と個性を表現できるので人生の原動力になるという内容で終わっていることから、選択肢の中で最も類似した意味である②を選ぶとよい。

単語 □열풍 ブーム □부업 副業 □막연하다 漠然としている
　　 □뽐내다（才能などを）発揮する □쾌감 快感 □원동력 原動力

2.

　日本人作家の本から知らされた新しい結婚の形がある。夫婦が離婚しない状態でそれぞれ自分の人生を楽しむ結婚の形だ。これを「卒婚」と呼ぶが、「結婚を卒業する」という意味である。卒婚を通じて夫婦は互いに干渉せずに各自自由に暮らす生活ができる。卒婚状態の夫婦は婚姻関係を持続しながらも各自の人生を送るため、たいてい定期的に会って良い関係を維持する。結婚という枠組みを壊さなくても自由に生活できるという点で、子供たちの独立後、結婚と夫婦関係の負担感から抜け出すために卒婚を選択する夫婦が増えると見られている。また、延びた平均寿命によって昔より結婚期間が長くなり、人生の一定期間はもっぱら自分に投資しようとする人が増えたため、今後卒婚の増加はさらに加速化する見通しである。

① 卒婚を批判的に見る人が多い。

② 離婚するより卒婚を選んだ方がましである。

③ 結婚生活で婚姻関係を維持することが最も重要である。

④ 卒婚のメリットによって、これから多くの夫婦が卒婚を選択するだろう。

正解 ④

卒婚に関する文であるが、文章の中心となる考えは一般的に後半部で素早く把握することができる。後半部で卒婚は結婚形態を維持しながら自由に生活でき、夫婦関係の負担感から抜け出すことができるというメリットと平均寿命が延びたという内容が出ている。そのような理由から、卒婚の増加が加速化する見通しだと最後の文に提示されているため、選択肢の中で最も類似した意味である④を選ぶとよい。

単語　□간섭하다 干渉する　□정기적 定期的　□유지하다 維持する
　　　□틀 枠組み　□오로지 もっぱら　□투자하다 投資する
　　　□가속화 加速化　□전망 展望

問題 23-24

問題の種類・ポイント

問題 23 は下線部の人物の心情を選ぶ〈タイプ⑧〉の問題、**問題 24** は文章の内容と一致するものを選ぶ〈タイプ③〉の問題です。

〈問題 23〉

▶ **選択肢を読んで意味を把握する。**

人物の心情を選ぶ問題では、感情を表す形容詞が選択肢として提示されます。まずは選択肢を読んで、どんな感情形容詞が提示されているのかを確認するのが効率的です。否定的な感情を表す単語がよく出されますが、肯定的な感情を表現した単語と一緒に出てくることもあります。

▶ **物語の流れに基づいて人物の心情を把握する。**

物語の起承転結を把握し、筆者の態度と心情の変化を把握しなければなりません。

〈問題 24〉

▶ **文章の大まかな内容を素早く把握する。**

問題 24 は、問題 20 と同様、全体的な内容の把握を優先したほうがよいため、キーワードを中心に素早く全体的な内容を理解することが重要です。ざっと目を通す感じの速いスピードで読むのがよいでしょう。

▶ **選択肢の文の内容を提示されている文章から探す。**

難しい語彙または表現をすべて理解しようと努力するより、選択肢の文と文章の内容が一致しないものを消去して答えを選びましょう。

〈例 題〉

[23-24] 다음을 읽고 물음에 답하십시오.

놀이공원 매표소에서 아르바이트를 했다. 아르바이트가 처음이라 실수를 하지 않으려고 늘 긴장하면서 일을 했다. 어느 날, 놀러 온 한 가족에게 인원수만큼 표를 줬다. 그런데 그 가족을 보내고 나서 이용권 한 장의 값이 더 결제된 것을 알아차렸다. 바로 카드사로 전화해 고객의 전화번호를 물었지만 상담원은 알려줄 수 없다고 했다. 하지만 내 연락처를 고객에게 전달해 주겠다고 했다. 일을 하는 내내 일이 손에 잡히지 않았다. 퇴근 시간 무렵 드디어 그 가족에게서 전화가 왔다. <u>내가 한 실수에 화를 낼지도 모른다는 생각에</u> 떨리는 목소리로 상황을 설명하자 그 가족은 "놀이기구를 타고 노느라 문자 메시지가 온 줄 몰랐어요. 많이 기다렸겠어요."라고 하며 따뜻하게 말해 주었다.

23. 밑줄 친 부분에 나타난 '나'의 심정으로 알맞은 것을 고르십시오.

① 걱정스럽다　　② 불만스럽다　　③ 후회스럽다　　④ 당황스럽다

24. 위 글의 내용과 같은 것을 고르십시오.

① 그 가족은 나에게 화를 냈다.
② 카드 회사는 그 가족에게 연락을 했다.
③ 나는 그 가족에게 직접 전화를 걸었다.
④ 나는 그 가족을 찾아다니느라 일을 못 했다.

〈64회 TOPIK Ⅱ 읽기 기출문제〉

訳

[23-24] 次を読んで、問題に答えなさい。

　遊園地のチケット売り場でアルバイトをした。アルバイトが初めてだったので、失敗をしないように常に緊張しながら仕事をしていた。ある日、遊びに来たある家族に人数分のチケットを渡した。ところが、その家族を送り出してから、利用券1枚分の料金が余計に決済されていたことに気がついた。すぐにカード会社に電話してその客の電話番号を尋ねたが、相談員は「教えることができない」と言った。しかし、私の連絡先を顧客に伝えてあげると言った。勤務中ずっと仕事が手につかなかった。退勤時間になろうかという頃、ついにその家族から電話がかかってきた。私がした失敗に<u>腹を立てるかもしれないという思いで</u>、震える声で状況を説明すると、その家族は「アトラクションに乗って遊んでいたのでメールが来たことを知りませんでした。ずいぶんお待たせしたのでしょうね。」と優しく言ってくれた。

23. 下線を引いた部分に表れている「私」の心情としてふさわしいものを選びなさい。

① 心配である　　② 不満である
③ 後悔している　④ 戸惑っている

24. 上の文章の内容と一致するものを選びなさい。

① その家族は私に怒った。
② カード会社はその家族に連絡を取った。
③ 私はその家族に直接電話をかけた。
④ 私はその家族を探し回ったせいで仕事ができなかった。

〈64回TOPIK Ⅱ 読解 過去問〉

23.

▶ **選択肢を読んで意味を把握する。**

「心配、不満、後悔、当惑」のような否定的な感情を表す単語が選択肢として提示されている。したがって「私」が具体的にどんな否定的な感情を感じたのか、より詳しく把握しなければならない。

▶ **物語の流れに基づいて人物の心情を把握する。**

「私」がアルバイトをしているとき、ある家族に対しミスをしてしまい、そのため「仕事が手につかなかった」ということから、非常に心配していたことがわかる。その家族が「怒るかもしれない」と思った理由もやはりミスから始まったことであるため、正解は①「心配だ」である。

間違いノート

② 불만스럽다（不満である）はある状況に満足できなかったという意味なので正解ではない。

③ 후회스럽다（後悔している）は過ちを悔いる時に使う表現なので「私」の状況に適していない。

④ 당황스럽다（戸惑っている）もやはり家族が怒るのではないかと心配している状況には合わないので誤答である。

24.

解答・解説

▶ **文章の大まかな内容を素早く確認する。**

この文章の場合は、「私」が遊園地で初めてアルバイトをしたとき、客に対しあるミスをしたが、最終的にはうまく解決できたというくらいの大まかな内容をまず確認する。

▶ **選択肢の文の内容を提示されている文章から探す。**

文章中の「しかし、私の連絡先を顧客に伝えてあげると言った。」という内容からカード会社がその家族に連絡をしたことがわかるため、正解は②である。

間違いノート

① 文章の最後の文の「その家族は『アトラクションに～』と言い、優し
く言ってくれた。」という内容からその家族が怒っていなかったことが
わかる。

③ 文章には「すぐにカード会社に電話して、その客の電話番号を尋ねたが、
相談員は『教えることはできない』と言った。」と書かれているため、「私」
はその家族に直接電話をかけることができなかった。

④ 勤務中ずっと仕事が手につかなかったのは事実だが、「私」はその家族
を探し回ってはいなかったので文章の内容と合わない。

単語　□긴장하다 緊張する　□인원수 人数　□결제되다 決済される
　　　□알아차리다 気が付く　□상담원 相談員　□전달 伝達
　　　□손에 잡히지 않는다 手につかない　□무렵 頃　□상황 状況

練習問題

問題23

[1-2] 밑줄 친 부분에 나타난 '나'의 심정으로 알맞은 것을 고르십시오.

1.

> 몇 달 전부터 소화가 안 되는 것 같다고 하던 어머니께서는 고향에 있는 작은 동네 병원에서 대학 병원에 가 보는 게 좋겠다는 이야기를 듣고 내게 조심스레 전화를 거셨다. 고향에서 내가 사는 곳까지는 왕복 10시간이 넘게 걸리는 데다가 한 번에 올 수 있는 기차나 비행기도 없어서 큰마음을 먹고 와야 한다. 어머니는 전화기 너머 작은 목소리로 검사를 받고 결과가 나오는 일주일 동안 우리 집에 머물 수 있겠냐고 하셨다. 안 그래도 요즘 회사 부서가 바뀌어서 정신이 없는 데다가 어머니까지 오신다고 하니 일도 잘 해내고 어머니도 잘 챙겨드릴 수 있을지 자신이 없어서 <u>나도 모르게 한숨이 나왔다</u>.
>
> 전화를 끊고 일주일 후에 어머니는 우리 집으로 오셨다. 건강도 안 좋으시면서 무슨 반찬을 이렇게도 많이 싸서 오셨는지…. "일하느라 바쁜데 밥 할 시간이 어디 있냐."고 부엌에서 반찬을 정리하는 어머니를 보며 "엄마는 왜 사서 고생을 해!"라고 괜히 큰소리만 쳤다. 못난 딸 걱정에 아픈 몸으로 꾸역꾸역 반찬을 만드셨을 어머니 모습을 생각하니까 눈물이 핑 돌았다. 어머니는 아무 말 없이 냉장고에 반찬을 하나하나 넣으셨다. 나는 그런 어머니를 뒤에서 꼬옥 안아 드렸다.

① 억울하다   ② 한심하다   ③ 당혹스럽다   ④ 걱정스럽다

2.

> 초등학교를 졸업한 지 어느덧 20여 년의 세월이 흘렀다. 이런저런 이유로 한 번도 나가지 않았던 동창회지만 나이를 먹어서 그런지 옛 친구들이 그립기도 하고 지친 일상에서 벗어나 추억을 느끼고 싶다는 마음도 들이 처음으로 옛 동창들을 만나러 갔다.
>
> 언제나 수줍게 웃기만 하던 미선이, 같은 반 친구를 괴롭히는 애가 있으면 재빠르게 나서서 그러면 안된다고 호령하던 은주, 그런 은주한테 언제나 혼

120

나면서도 꼭 친구들한테 짓궂게 구는 재호, 모범생 영준이. 모두가 그리웠다. 그중에서도 제일 보고 싶었던 친구는 1학년 때 첫 짝꿍이었던 재우였다. 언제나 배려심 깊고 마음이 따뜻했던 아이였는데 지금은 어떤 어른으로 자랐으려나….

　하나둘 모여 반갑게 인사를 나누고 기쁨의 환호성을 지르기도 하며 정신없이 시작된 동창회에 재우의 모습은 없었다. 분명 온다고 들었는데 재우가 나타나지 않자 아쉬움이 커졌다. 동창회가 절정에 다다를 무렵, 늦어서 미안하다며 허겁지겁 들어오는 사람이 있었다. 재우였다.

　재우는 나와 눈이 마주치자마자 나를 알아보았다. 우리는 그간의 소식도 전하고 추억도 중간중간 되짚어 보며 무수한 이야기를 나누었고 근래 들어 가장 즐거운 시간을 보냈다. 한두시간쯤 지나 가게를 나가려고 돌아섰을 때 직원이 실수로 맥주를 쏟았다. 재우는 순간 완전히 다른 사람이 되어 직원을 나무라다 못해 윽박지르며 화를 내기 시작했다. <u>나는 몇 마디 더 의미없는 대화를 나눈 후 조용히 동창회에서 나와 혼자 집으로 가며 오늘의 기억을 지워버렸다.</u> 차라리 만나지 않았다면 좋았을 거라고 수없이 되뇌이며 길을 걸었다.

① 씁쓸하다　　② 고독하다　　③ 답답하다　　④ 담담하다

問題24

[1-2] 이 글의 내용과 같은 것을 고르십시오.

1.

> "저기…"
> 승우는 한참 뜸을 들였다. 나는 승우에게 무슨 일이라도 생긴 건 아닐까 내심 걱정이 됐다.
> "저기… 그러니까. 내 영화를 부산에서 상영한다고 하던데."
> 승우가 나지막이 말했다.
> "뭐라고? 너 영화 찍었어? 언제?"
> 영화를 그만둔다고 고향으로 간 승우가 고향에 가서 영화를 찍었다고 했다. 아주 작은 영화. 돈이 거의 들지 않은 영화. 아무도 없는 스튜디오에서 찍었다고 했다.

"너 시간 되면 보러 올래? 아니다. 너 요즘 놀아서 시간 많잖아."

승우 말이 다 맞는 말이었는데 아무리 그래도 부산까지 가는 건 쉬운 일이 아니었다. 그래도 승우 때문에, 승우의 영화 때문에 나는 버스를 타고 부산으로 갔다.

① 나는 요즘 일이 없어서 쉬고 있다.
② 승우는 내 영화를 보러 부산에서 올라올 것이다.
③ 승우는 많은 돈을 들여서 이번 영화를 제작했다.
④ 나는 부산이 너무 멀어서 승우의 영화를 보러 가지 못했다.

2.

제임스가 청혼하자 은경은 거절하지 않았다. 다만 이렇게 물었다.

"저는 이혼한 경력이 있어요. 당신은 내가 괜찮아요?"

제임스는 무조건 괜찮다고 했다. 왜냐하면 제임스가 생각하는 은경은 자기에게 정말 과분한 사람이었다. 특히 아이들을 사랑하는 모습이 좋았다. 은경은 가끔 생각한다. 제임스는 그때 자신을 사랑한 걸까, 아니면 자신의 아이도 좋아해 주고 잘 돌봐줄 사람을 구한 걸까 하고. 은경은 미국에 오자마자 제임스의 딸을 만났다. 바로 마리였다. 마리는 그때 막 걸음마를 하던 아이였다. 은경은 아직 말을 못하는 마리에게 이야기했다.

"내 이름은 은경이야. 언젠가 너도 네 이름을 말해주렴."

① 은경은 제임스의 청혼을 거절했다.
② 은경은 제임스와 두 번째 결혼을 했다.
③ 은경에게는 마리라는 이름의 딸이 하나 있었다.
④ 은경은 제임스가 아이를 사랑하는 모습을 특히 좋아했다.

問題 23

【1-2】 下線を引いた部分に表れている「私」の心情として適切なものを選びなさい。

1.

　数ヵ月前から消化不良だと言っていた A 母は、故郷にある小さな町の病院から大学病院に行ってみたほうがいいと言われ、私に控え目に電話をかけてきた。故郷から私が住んでいるところまでは往復10時間以上かかるうえ、直行で来られる汽車や飛行機もないので、覚悟を決めて来なければならない。母は電話の向こうから小さい声で A 検査を受けて、結果が出るまでの1週間、私の家に泊まってもいいかと言った。 B この前ちょうど会社の部署が変わって慌ただしいうえに、母まで（うちに）来ると言われたため、 C 仕事もうまくこなして母の面倒まで見てあげられるか自信がなくて★思わずため息が出た。

　電話を切ってから1週間後、母は私の家に来た。体調も良くないのに、どうしてこんなにおかずをたくさん作って来たのか…。「仕事で忙しいのにご飯を炊く時間なんてないでしょ。」と台所でおかずを整理する母を見て「お母さんはどうして自分から苦労するの！」と訳もなく大声を上げてしまった。おろかな娘のことを心配して病気の体で黙々とおかずを作ったであろう母の姿を思うと涙がにじんできた。母は何も言わずに冷蔵庫におかずを一つ一つ入れた。私はそんな母を後ろからぎゅっと抱きしめた。

① 悔しい　　② 情けない　　③ 困惑している　　④ 心配だ

2.

　小学校を卒業して、いつの間にか20年余りの歳月が流れた。いろいろな理由で一度も出ていなかった同窓会だが、年を取ったせいか昔の友達が恋しくもなり、(また) 疲れた日常から抜け出し、思い出を感じてみたいという気持ちもあって **A** 初めて昔の同級生に会いに行った。

　いつも恥ずかしそうに笑っていたミソン、同じクラスの友達をいじめる子がいたら、素早く現れて、そんなことをしてはだめだと大声で叱っていたウンジュ、そんなウンジュにいつも怒られながらも必ず友達に意地悪をしていたジェホ、模範生のヨンジュン。皆が恋しかった。その中でも **B** 一番会いたかった友達は1年生の時に最初の隣席の友達だったジェウだった。いつも思いやりがあり、優しい子だったのだが、今はどんな大人に成長したのだろうか…。

　一人二人と集まり、懐かしく挨拶を交わし、喜びの歓声を上げたりして、慌ただしく始まった同窓会にジェウの姿はなかった。確かに来ると聞いていたのだが、ジェウが現れないことで残念な気持ちが大きくなった。同窓会が最も盛り上がっていた頃、遅れて申し訳ないと慌てて入ってくる人がいた。ジェウだった。

　ジェウは私と目が合うやいなや私のことに気がついた。私たちは近況報告もし、思い出も振り返りながら数えきれないほど多くの話をして、最近で一番楽しい時間を過ごした。1、2時間ほど経って店を出ようと振り向いた時、

従業員が誤ってビールをこぼした。**C** ジェウはその瞬間、全くの別人になって、従業員をたしなめることができず、怒鳴りつけながら腹を立て始めた。私はいくつか意味のない会話を交わした後、静かに同窓会を出て、★一人で家に帰り、今日の記憶を消した。いっそ会わなければよかったのにと、何度も繰り返し言いながら道を歩いた。

① ほろ苦い思いをする　② 孤独である
③ もどかしい　　　　　④ 淡々としている

正解 ①

A 筆者は初めて小学校の同窓会に行った。

B 思いやりのあるジェウに一番会いたかった。

C ジェウはミスをした従業員に対して大声で怒鳴りつけた。その姿を見て、いっそ会わなければよかったと思った。

→ したがって、筆者は★に示されているようにジェウと会った記憶を消したと言うほど楽しくなく不快な状況である。したがって、正解は①である。

単語　□괴롭히다 いじめる　□짝꿍 隣席の友達（学校などでペアになる相手）　□배려 思いやり、配慮　□눈이 마주치다 目が合う　□쏟다 こぼす　□나무라다 たしなめる

問題24

[1−2] この文章の内容と一致するものを選びなさい。

1.

「あの…」

スンウはしばらく間を置いた。私はスンウに何かあったのではないかと内心、心配になった。

「あの…あのさ、俺の映画を釜山で上映するらしいんだよ」

スンウが静かに言った。

「何？ お前、映画撮ったの？ いつ？」

（もう）映画はやめると故郷に帰ったスンウが故郷に戻って映画を撮ったと言った。B とても小さな映画。お金があまりかからなかった映画。誰もいないスタジオで撮ったそうだ。

「お前、時間があれば見にくる？ ★いや、お前最近暇だから時間あるだろ。」

スンウの言葉はすべて合っていたが、いくらなんでも釜山まで行くのは容易なことではなかった。A それでもスンウのため、スンウの映画のために、私はバスに乗って釜山に行った。

① 私は最近仕事がなくて休んでいる。
② スンウは私の映画を見に釜山から上京する予定である。
③ スンウは大金をかけて今回の映画を製作した。
④ 私は釜山が遠すぎてスンウの映画を見に行けなかった。

正解 ①

① 私は最近仕事がなくて休んでいる。

→ ★正解

② スンウは私の映画を見に釜山から上京する予定である。

→ A 映画を見に釜山に行ったのはスンウではなく「私」である。

③ スンウは大金をかけて今回の映画を製作した。

→ B スンウの映画製作にはほとんどお金がかからなかった。

④ 私は釜山が遠すぎてスンウの映画を見に行けなかった。

→ A 私はスンウの映画を見に釜山に行った。

単語　□한참 しばらく　□틈 間　□내심 内心　□상영 上映
　　　□나지막이 静かに

126

2.

　Aジェームスがプロポーズするとウンギョンは断らなかった。ただ、こう尋ねた。

　★「私は離婚した経歴があります。あなたは私で大丈夫ですか？」

　ジェームスは絶対大丈夫だと言った。なぜならCジェームスが考えるウンギョンは自分には本当にもったいないような人だった。特に子供たちをかわいがる姿が良かった。ウンギョンはたまに思う。ジェームスはその時、自分を愛したのか、それとも自分の子供もかわいがって面倒を見てくれる人を求めていたのか。Bウンギョンは米国に到着してすぐにジェームスの娘に会った。それはマリーだった。マリーは当時、ちょうど歩き始めたばかりの赤ちゃんだった。ウンギョンは、まだ話せないマリーに話しかけた。

　「私の名前はウンギョンよ。いつかあなたも私の名前を呼んでちょうだい。」

① ウンギョンはジェームスのプロポーズを断った。
② ウンギョンはジェームスと2度目の結婚をした。
③ ウンギョンにはマリーという名前の娘が一人いた。
④ ウンギョンはジェームスが子供を愛する姿が特に好きだった。

正解②

① ウンギョンはジェームスのプロポーズを<u>断った</u>。
→ Aウンギョンはジェームスのプロポーズを断らなかった。

② ウンギョンはジェームスと2度目の結婚をした。
→ ★正解

③ <u>ウンギョンには</u>マリーという名前の娘が一人いた。
→ Bジェームスにはマリーという名前の娘がいる。

④ ウンギョンはジェームスが子供を愛する姿が特に好きだった。
→ Cジェームスはウンギョンの子供をかわいがる姿が特に好きだった。

単語　□청혼 プロポーズ　□거절하다 断る　□이혼 離婚　□경력 経歴
　　　□과분하다 過分だ　□막 適当　□걸음마 歩き

問題25−27

問題の種類・ポイント

問題25−27は新聞記事の見出しを説明した文を選ぶ〈タイプ⑥〉の問題です。

▶ **新聞記事の見出しによく使われる文体と擬声語・擬態語を学習する。**

新聞記事の見出しは助詞が省略され、文が名詞で終わる場合が多くあります。また、擬声語・擬態語を使って言いたいことを短く、効果的に提示しています。

▶ **新聞記事の見出しを読んでそれぞれの単語の意味を把握する。（表現リスト p.216参照）**

新聞記事の見出しには難しい漢字語がよく使われます。簡単な表現に変えて選択肢から似ている意味を探してみるのがよいでしょう。

▶ **' 'で囲まれている表現の意味を推測する。**

新聞記事の見出しには辞書に出てくる意味では解釈しにくい表現がよく登場します。文脈を考慮し、その表現に含まれている意味を把握しなければなりません。

〈例 題〉

---

27. 다음 신문 기사의 제목을 가장 잘 설명한 것을 고르십시오.

민간 우주선 무사 귀환, 우주여행 시대 '성큼'

① 사람들의 응원 속에 민간 우주선이 긴 우주여행을 마치고 돌아왔다.
② 사람들은 민간 우주선이 우주여행에서 무사히 돌아오기를 기대했다.
③ 민간 우주선이 무사히 돌아오면서 우주여행의 가능성이 더욱 높아졌다.
④ 민간 우주선이 돌아오지 않자 우주여행에 대한 우려의 목소리가 커졌다.

〈64회 TOPIK Ⅱ 읽기 기출문제〉

---

27. 次の新聞記事の見出しを最もよく説明しているものを選びなさい。

民間宇宙船 無事帰還、宇宙旅行時代「一歩近づく」

① 人々に見守られる中で民間の宇宙船が長い宇宙旅行を終えて帰ってきた。

② 人々は民間の宇宙船が宇宙旅行から無事に帰還することを期待した。

③ 民間の宇宙船が無事に帰還したことで、宇宙旅行の可能性がさらに広がった。

④ 民間の宇宙船が帰還しないことから、宇宙旅行に対して憂慮する声が大きくなった。

〈64回 TOPIK II 読解 過去問〉

解答・解説

▶ **新聞記事の見出しを読んでそれぞれの単語の意味を把握する。**

「民間、宇宙船、無事、帰還、宇宙旅行、一歩近づく」等の単語が並んでいるが、「無事、帰還、一歩近づく」という単語から肯定的な内容であることがわかる。

▶ **' 'で囲まれている表現の意味を推測する。**

'성큼'(一歩近づく)が理解できなくても、その前の「民間宇宙船」が無事に帰ってきたということが把握できれば、それによって宇宙旅行の時代が「開かれた、近づいてきた」といった内容であるのが自然だということがわかる。よって、正解は③である。

間違いノート

① ・ ② 見出しには無事の帰還を見守った・期待したという内容は見当たらないため、誤答である。

④ 見出しには「無事帰還」とあるため、誤答である。

単語 □민간 民間 □우주선 宇宙船 □무사 無事 □귀환 帰還

練習問題

[1-2] 다음 신문 기사의 제목을 가장 잘 설명한 것을 고르십시오.

1.

얼어붙은 경기에도 명품 소비 '껑충', 미소 짓는 백화점

① 백화점 업계에서는 명품 소비를 늘려 침체된 경기를 회복하고자 한다.
② 백화점에서는 경제 상황에 맞춰 명품 가격을 인하하여 판매량을 늘렸다.
③ 최근 명품 소비가 급격하게 감소함에 따라 백화점 업계 역시 타격을 입었다.
④ 불황에도 불구하고 명품을 사는 사람들이 늘어 백화점 업계가 호황을 맞았다.

2.

폭락하는 배춧값 예년 대비 절반, 대책 마련에 '빨간불'

① 배추의 수확량이 절반 이하로 급감하여 값이 대폭 상승하였다.
② 급격하게 떨어진 배추 가격에 대한 대책 마련이 시급한 현황이다.
③ 배추에 대한 소비자의 수요가 늘어 수확량을 늘리는 데 힘을 쏟고 있다.
④ 연일 이어진 악천후로 배추 수확량의 절반 이상을 폐기해야 하는 실정이다.

[1-2] 次の新聞記事の見出しを最もよく説明しているものを選びなさい。

1.

　凍りついた景気でもブランド品消費「グンとアップ」、笑顔のデパート

① デパート業界ではブランド品の消費を増やし、低迷している景気を回復
　しようとしている。
② デパートでは経済状況に合わせてブランド品の価格を引き下げて販売量
　を増やした。
③ 最近、ブランド品の消費が急激に減少したことで、デパート業界も打撃
　を受けた。
④ 不況にもかかわらずブランド品を買う人が増え、デパート業界が好況を
　迎えた。

正解 ④

消費が「グンとアップ」ということは消費が増えたという意味なので、ブ
ランド品の売り上げ増加によりデパート業界が好況だと解釈される。した
がって、④が正解である。

単語　□**얼어붙다** 凍りつく　□**경기** 景気

2.

　　暴落する白菜価格　例年に比べて半分、対策作りに「赤信号」

① 白菜の収穫量が半分以下に急減し、価格が大幅に上昇した。
② 急激に下落した白菜の価格に対する対策作りが急がれる現状である。
③ 白菜に対する消費者の需要が増え、収穫量を増やすのに力を入れている。
④ 連日続いた悪天候により、白菜の収穫量の半分以上を廃棄しなければな
　らない実情である。

白菜の価格が下がり続けていて、これに対する対策作りが急がれるという
内容と解釈される。したがって、正解は②。

単語 □폭락하다 暴落する　□대비 対比　□마련하다 用意する

問題 28-31

問題の種類・ポイント

問題28-31は空欄に適切な内容を入れる問題です。

問題16-18と同じ〈タイプ⑤〉のため、以下のような戦略が使えます。しかし、16-18よりも語彙と文法表現のレベルは高くなり、文章の内容も科学、社会現象のような難しいテーマが取り上げられます。

▶ 冒頭の文から文章の内容を推測する。

▶ 空欄のある文の前後の文の流れを把握する。

▶ 選択肢の語句を丁寧に確認する。

冒頭の文を読み、文章のキーワードになりうる単語を中心に大まかな内容を推測し、読み進めながら詳細を把握するのがよいでしょう。

〈例 題〉

---

29. 다음을 읽고 (　　　) 안에 들어갈 내용으로 가장 알맞은 것을 고르십시오.

무지개는 빛이 공기 중의 물방울을 통과할 때 굴절되어 나타나는 현상이다. 그래서 비가 그친 직후 해가 뜰 때 무지개가 잘 생긴다. 이때 (　　　) 않으면 무지개가 만들어지기 어렵다. 공기에 먼지 등의 오염 물질이 섞이면 물방울들이 먼지 주위로 모여 빛이 통과하는 것을 막기 때문이다.

---

① 해가 뜨지 ② 비가 그치지

③ 빛이 약하지 ④ 공기가 깨끗하지

〈64회 TOPIK Ⅱ 읽기 기출문제〉

出題順　問題演習　問題28-31

133

29. 次を読んで（　　　）の中に入る内容として最も適切なものを選びな
さい。

　虹は光が空気中の水滴を通過する時に屈折して起こる現象である。その
ため、雨が止んだ直後、太陽が出ると虹がよくできる。この時（　　　　）
ないと虹ができにくい。空気にホコリなどの汚染物質が混ざると、水滴が
ホコリの周りに集まって光が通過することを遮るためである。

① 太陽が出　　② 雨が止ま
③ 光が弱く　　④ 空気がきれいで

〈64回TOPIK Ⅱ 読解　過去問〉

解答・解説

▶ **冒頭の文から文章の内容を推測する。**
冒頭の文の主語と述語を見ると「虹は～現象である」とあり、虹の概
念を科学的に説明している。

▶ **空欄のある文の前後の文の流れを把握する。**
空欄の前では雨が止んだ直後に虹がよくできるとあるが、空欄の後ろ
の部分では空気に汚染物質が混ざると光の通過を遮るため虹ができに
くいとある。このことから「汚染物質」が混ざっていないきれいな状
態でこそ虹は生成されやすいと解釈できるため、正解は④である。

間違いノート

①・②・③ 最後の文は空欄のある文の理由を説明している。①②③は最
後の文の内容を含んでいないため、正解ではない。

単語　□공기 空気　□굴절되다 屈折する　□직후 直後　□오염 汚染
　　　□물질 物質　□통과하다 通過する

練習問題

[1-2] 다음을 읽고 ( ) 안에 들어갈 내용으로 가장 알맞은 것을 고르십시오.

1.

> 장마철에 항상 무릎이나 허리의 통증을 호소하는 노인들을 쉽게 볼 수 있다. 단순히 노화로 인한 증상으로 볼 수도 있지만 날씨가 통증을 악화시키는 데는 과학적인 이유가 있다. ( ) 관절 내부의 압력이 높아지는데 이때 관절 안에 있는 윤활액이 팽창하면서 통증을 느끼게 된다. 또한 기압과 반대로 습도는 높아질수록 몸 안의 수분 증발을 막아 관절을 붓게 하여 통증을 유발한다.

① 노화가 진행되면　　② 기압이 낮아지면
③ 윤활액이 줄어들면　④ 체내 수분이 증발되면

2.

> 한국 청소년들은 OECD에 가입한 다른 나라의 청소년들보다 평균 1시간을 덜 자는 것으로 나타났다. 입시 경쟁이 치열한 한국 사회에서는 ( ) 더 많은 공부 시간이 확보되어 학업 성취도가 향상될 것이라 여겨지곤 한다. 그러나 충분히 수면을 취한 학생들의 학업 성취도가 그렇지 않은 학생들의 학업 성취도보다 높은 것으로 나타났다. 이제는 짧은 수면 시간과 성적이 비례한다는 그릇된 인식을 바꾸어야 할 때이다.

① 잠을 줄이면　　　② 꾸준히 낮잠을 자면
③ 수면 장소를 바꾸면　④ 양질의 수면을 취하면

出題順　問題演習　問題28-31

135

練習問題　訳と解答

[1−2] 次を読んで（　　　　）の中に入る内容として最も適切なものを選び
なさい。

1.

　　A梅雨の時期にいつも膝や腰の痛みを訴える高齢者をよく見かける。単純
に老化による症状とも考えられるが、天気が痛みを悪化させるのには科学的
な理由がある。C（　　　　　）関節内部の圧力が高まるが、この時、関節内
にある関節液が膨張し痛みを感じることになる。また、B気圧とは逆に湿
度は高くなるほど体内の水分蒸発を防いで関節を腫らし、痛みを誘発する。

① 老化が進むと　　② 気圧が低くなると
③ 関節液が減ると　　④ 体内の水分が蒸発すると

正解 ②

A梅雨時に関節痛を訴える高齢者が多い。

B気圧と同様に湿度の影響を受けるためである。

= C（気圧が低くなると）関節内部の圧力が高まり、痛みを感じる。

単語　□장마철 梅雨の時期　□통증 痛み　□호소하다 訴える
　　　□악화시키다 悪化させる　□내부 内部　□유발하다 誘発する

136

2.

   A 韓国の*青少年たちは OECD に加盟している他の国の青少年たちより平均 1 時間少なく寝ていることがわかった。C 受験戦争が激しい韓国社会では（   ）より多くの勉強時間が確保され、学業成就度が向上すると期待されることがある。しかし、十分に睡眠を取った学生の学業成就度が、そうでない学生の学業成就度より高いことがわかった。B 今こそ睡眠時間の短さと成績が比例するという誤った認識を変えなければならない時だ。

*主に 10 代

① 睡眠時間を減らすと　　② 続けて昼寝をすると
③ 睡眠場所を変えると　　④ 良質の睡眠をとると

正解 ①

A 韓国の青少年たちは他の国の青少年たちより睡眠時間が短い。

B 睡眠時間が短くなるほど成績が良くなるという認識がある。

= C 韓国社会では（睡眠時間を減らすと）より多くの勉強時間が確保され、学業成就度が向上すると考えられている。

単語　□수면 睡眠　□가입하다 加入する　□평균 平均
　　　□입시 入試　□경쟁 競争　□치열하다 激しい
　　　□학업 성취도 学業成就度（学力、学業成績の度合い）
　　　□향상되다 向上する

問題 32−34

問題の種類・ポイント

問題32−34は文章の内容と一致するものを選ぶ問題です。

問題20、24と同じ〈タイプ③〉のため、以下のような戦略を使うことがで
きます。しかし、問題32-34は問題20に比べて語彙および文法表現のレベ
ルが高く、また問題24が主に日常的な場面を素材とした文学的な文章であ
るのとは異なり、説明文が出題されます。

▶ **文章の大まかな内容を素早く把握する。**
▶ **選択肢の文の内容を提示されている文章から探す。**

〈例 題〉

---

32. 다음을 읽고 내용이 같은 것을 고르십시오.

> 나비 박사 석주명은 나비의 종류를 분류하고 이름을 지어 준 생물학자
> 이다. 1931년부터 나비를 연구한 그는 한국의 나비가 총 844종이라는 당
> 시의 분류를 248종으로 수정하였다. 날개 무늬나 모양이 조금만 달라도
> 다른 종이라고 판단한 기존의 분류가 틀렸음을 배추흰나비 16만여 마리의
> 무늬를 비교해서 밝혔다. 또한 그때까지 한자어나 외래어로 명명된 나비
> 에 '떠들썩 팔랑나비'와 같은 고유어 이름을 지어 주는 데 앞장섰다.

① 석주명은 한국의 나비를 총 844종으로 분류하였다.
② 석주명은 나비 이름을 고유어로 바꾸려고 노력하였다.
③ 석주명은 자신의 배추흰나비 연구에 문제가 있음을 알았다.
④ 석주명은 나비의 날개 모양이 다르면 종이 달라짐을 밝혔다.

〈64회 TOPIK Ⅱ 읽기 기출문제〉

---

32. 次を読んで内容が一致するものを選びなさい。

　蝶博士のソク・ジュミョンは蝶の種類を分類し、名前を付けた生物学者である。1931年から蝶を研究していた彼は、韓国の蝶が全844種という当時の分類を248種に修正した。羽の模様や形が少し異なるだけでも違う種だと判断していた従来の分類が間違っていることを、モンシロチョウ約16万匹の模様を比較して明らかにした。また、それまで漢字語や外来語で命名されていた蝶に「騒がしいひらひらチョウ（日本名：マダラセセリ）」のような固有語の名前を付ける先駆者となった。

① ソク・ジュミョンは韓国の蝶を全844種に分類した。

② ソク・ジュミョンは蝶の名前を固有語に変えようと努力した。

③ ソク・ジュミョンは自分のモンシロチョウ研究に問題があることを知っていた。

④ ソク・ジュミョンは蝶の羽の形が違えば種が変わることを明らかにした。

〈64回TOPIK Ⅱ読解　過去問〉

解答・解説

▶ **文章の大まかな内容を素早く把握する。**

　この文章は「蝶博士ソク・ジュミョン」に関する話であり、ソク・ジュミョンの業績を並べている。

▶ **選択肢の文の内容を提示されている文章から探す。**

　②の内容が最後の文で、漢字語や外来語で命名されていた蝶に「騒がしいひらひらチョウ」のような固有語の名前を付ける先駆者となったと述べられていることから、正解は②である。

間違いノート

① 韓国の蝶を全844種に分類したのではなく、これを248種に修正したので、文章の内容とは一致しない。

③ ソク・ジュミョンは既存の分類が間違っていることをモンシロチョウ約16万匹の模様を比較して明らかにした。

④ ソク・ジュミョンは蝶の羽の形が少し異なるだけでも違う種だと判断
　　した従来の分類が間違っていることを明らかにしたため、一致しない。

練習問題

[1-2] 다음을 읽고 내용이 같은 것을 고르십시오.

1.

　한국의 전통 무술이라고 할 수 있는 태권도는 경기 중에 손기술과 발기술
을 사용하여 유효 타격 부위에 명중하면 점수를 얻게 된다. 손기술은 주먹의
앞부분을 이용한 공격이어야 하고 발기술은 복숭아 뼈 이하의 발 부위를 이
용한 공격이어야 한다. 남녀 모든 경기 시간은 2분의 3회전으로 같다. 회전
간 휴식 시간은 1분이 주어지고 각 회전의 시작은 주심의 "시작!" 선언으로
개시되며 종료는 "그만!" 선언으로 종료된다. 주심은 경기 결과를 승자의 손
을 들어 선언하게 되는데 부상으로 인해 승자가 선수 위치에 서 있지 못할 때
는 주심이 자신의 승자 쪽 손을 들어 경기 결과를 발표한다.

① 태권도 경기 결과는 주심이 알려준다.
② 발기술은 무릎을 이용하여 공격해야 한다.
③ 태권도는 손기술로만 점수를 얻을 수 있다.
④ 각 회전 간 3분 동안 휴식을 취할 수 있다.

2.

> 1840년 파리에서 태어난 화가 모네는 어렸을 때부터 공부보다 그림 그리기를 좋아했다. 이런 모네를 이해해주는 어머니가 어렸을 때 돌아가신 후, 장사를 도와주기를 원한 아버지와 사이가 좋지 않아 방황했다. 혼자 살고 있던 모네에게 아마추어 화가인 고모는 모네가 화가로서 성장하는 데 결정적인 도움을 주었다. 고모의 도움으로 화가 글레이르의 화실에 들어가게 되었다. 여기에서 모네는 후에 인상주의 운동을 함께 할 평생의 동료들을 만났다. 1867년 모네는 이렇게 평생 그에게 많은 도움과 영향을 준 고모와 애인 카미유 사이에서 얻은 아들과 함께 바다가 있는 노르망디로 내려가서 마음의 안정을 얻고 많은 그림을 그리게 되었다.

① 모네는 1867년에 가족들과 함께 노르망디를 떠났다.
② 모네는 어렸을 때 그림 그리기보다 공부를 더 좋아했다.
③ 모네의 아버지는 모네가 그림을 그리는 것을 응원하셨다.
④ 모네는 고모 덕분에 인상주의 운동을 함께 할 동료들을 만날 수 있었다.

[1-2] 次を読んで内容が一致するものを選びなさい。

1.

　韓国の伝統武芸ともいえる B テコンドーは、競技中に手技と足技を使って有効な打撃部位に命中すれば点数を得ることになる。手技は拳の前面を利用した攻撃、A 足技はくるぶし以下の足の部位を利用した攻撃でなければならない。男女ともに試合時間は*2 分× 3 ラウンドで同一である。C ラウンド間の休憩時間は 1 分与えられ、各ラウンドの開始は主審の「シィジャク！」の宣言で開始され、終了は「クマン！」の宣言で終了する。★主審は試合結果を勝者の手を挙げて宣言することになるが、負傷によって勝者が選手の位置に立っていられない場合は、主審が自分の勝者側の手を挙げて試合結果を発表する。　　　　　　　　　　　　　　　*1 ラウンド 2 分間× 3 ラウンド

① テコンドーの試合結果は主審が教えてくれる。
② 足技は膝を利用して攻撃しなければならない。
③ テコンドーは手技でのみ点数を得ることができる。
④ 各ラウンドの間に 3 分間休憩を取ることができる。

正解 ①
① テコンドーの試合結果は主審が教えてくれる。
　→ ★正解
② 足技は膝を利用して攻撃しなければならない。
　→ A 足技はくるぶし以下の足の部位を利用した攻撃のみ可能である。
③ テコンドーは手技でのみ点数を得ることができる。
　→ B テコンドーは足技でも点数を得ることができる。
④ 各ラウンドの間に 3 分間休憩を取ることができる。
　→ C 各ラウンドの間に 1 分間の休憩時間が与えられる。

単語　□무술 武術　□유효 有効　□타격 打撃　□복숭아뼈 くるぶし
　　　□주심 主審　□선언 宣言　□개시 開始　□종료 終了

2.

　B1840年にパリで生まれた画家モネは、幼い頃から勉強より絵を描くことが好きだった。このようなモネを理解してくれる母親が幼い頃に亡くなった後、C商売を手伝うことを望んでいた父親との関係が悪く、さまよっていた。一人暮らしをしていたモネにアマチュア画家の叔母はモネが画家として成長するのに決定的となる助けを与えた。★叔母の助けで画家シャルル・グレールのアトリエに入ることになった。ここでモネは後に印象主義運動を共にする一生の仲間に出会った。A1867年モネはこのように一生彼に多くの援助と影響を与えた叔母と恋人のカミーユとの間に授った息子と一緒に、海のあるノルマンディーに行って心の安定を得て多くの絵を描くようになった。

① モネは1867年に家族と一緒にノルマンディーを去った。
② モネは子供の頃、絵を描くことよりも勉強が好きだった。
③ モネの父親はモネが絵を描くことを応援した。
④ モネは叔母のおかげで印象主義運動を共にする仲間に出会えた。

正解 ④
① モネは1867年に家族と一緒に<u>ノルマンディーを去った。</u>
→ A1867年、モネは叔母や息子と一緒にノルマンディーに行った。
② モネは子供の頃、絵を描くことよりも<u>勉強が好きだった。</u>
→ B勉強より<u>絵を描くことが好きだった。</u>
③ モネの父親はモネが<u>絵を描くことを応援した。</u>
→ Cモネの父親はモネが絵を描くのではなく商売を手伝うことを望んでいた。
④ モネは叔母のおかげで印象主義運動を共にする仲間に出会えた。
→ ★正解

単語　□장사 商売　□방황하다 さまよう　□아마추어 素人
　　　□성장 成長　□화실 画室　□인상주의 印象主義　□동료 仲間
　　　□평생 一生

143

問題35-38

問題の種類・ポイント

問題35-38は主題文を選ぶ〈タイプ②〉の問題です。

▶ **繰り返されるキーワードを探して何に関する文章であるかを把握する。**
文章全体で繰り返される単語を探し、何に関する文なのかを把握します。
文章の内容を理解せず、背景知識を基に答えを選ばないように気を付け
ましょう。

▶ **文章の後半部を注意して読む。**
「主題文を選ぶ」タイプの問題は文章全体を網羅するテーマを選ばなけれ
ばなりません。文章の前半部ではどんな内容の文章かが紹介され、後半
部で文章の主題が出てくる場合が多いです。内容を詳細に把握し、筆者
が本当に伝えたいことを理解しなければなりません。

▶ **最もテーマが明確に示されている選択肢を選ぶ。**
誤答の選択肢の中には文章の一部の内容と一致するものがあります。し
かし、文章全体のテーマを含んでいない場合は正解ではないため、すべ
ての選択肢を丁寧に読まなければなりません。

35. 다음 글의 주제로 가장 알맞은 것을 고르십시오.

문화재 복원 작업은 복원된 부분이 자연스러워야 하고 그 과정에서 문화재가 추가로 손상되지 않아야 한다. 이 때문에 정확한 측정으로 복원할 부분을 원래 모습과 동일하게 만들어 내는 것은 복원의 성공을 결정하는 중요한 요건이다. 최근 3D 스캐너와 프린터가 등장하여 이러한 요건을 충족할 수 있게 되면서 정밀하고 안전한 문화재 복원이 가능해졌다.

① 첨단 장비 덕분에 문화재 복원이 수월해졌다.
② 문화재는 손상 예방을 위한 사전 관리가 중요하다.
③ 복원 환경 탓에 원본이 변형되는 경우가 많아지고 있다.
④ 복원 기술자를 대상으로 한 3D 장치 사용 교육이 필요하다.

〈64회 TOPIK II 읽기 기출문제〉

訳

35. 次の文章の主題として最も適切なものを選びなさい。

文化財復元作業は復元された部分が自然でなければならず、その過程で文化財に追加の損傷があってはならない。そのため、正確な測定をし、復元する部分を本来の姿と同じように作り出すことは復元の成功を決める重要な要件である。最近、3Dスキャナーとプリンターが登場し、このような要件を満たすことができるようになり、精密で安全な文化財復元が可能になった。

① 最先端の装備のおかげで文化財の復元が容易になった。
② 文化財は損傷を予防するための事前管理が重要だ。
③ 復元時の環境のため、原本が変形する場合が多くなっている。
④ 復元技術者を対象にした3D装置の使用教育が必要だ。

〈64回 TOPIK II 読解 過去問〉

▶ **繰り返されるキーワードを探して何に関する文章であるかを把握する。**

文章を読んでみると、「文化財」と「復元」が何度も述べられている。ここから、文化財復元に関連した内容であることがうかがえ、冒頭の文で自然な文化財復元の重要性を強調した後、次の文で正確な測定が成功する復元の核心であると説明している。

▶ **文章の後半部を注意して読む。**

文章の前半部では文化財復元の成功のために重要な要素について言及している。そして最後の文で3Dスキャナーとプリンターで容易な文化財復元が可能になったと説明しながら文章を終わらせている。

▶ **最もテーマが明確に示されている選択肢を選ぶ。**

したがって、文章全体を見た時、最も適切なテーマである①が正解。

間違いノート

② この文章は損傷した文化財の復元に関する内容であるため、正解ではない。

③ 復元するときの環境については述べておらず、復元過程で追加の損傷があってはならないと述べているだけであるため、誤答である。

④ 3D装置の使用教育については、文章で言及されていないため、正解ではない。

単語　□문화재 文化財　□복원 復元　□손상되다 損傷する
　　　□측정하다 測定する　□동일하다 同一だ　□요건 要件
　　　□첨단 最先端　□장비 装備　□변형되다 変形する

練習問題

[1-2] 다음 글의 주제로 가장 알맞은 것을 고르십시오.

1.

해마다 어김없이 찾아오는 추석을 맞아 제사 음식과 더불어 추석 선물 준비로 고민하는 사람들이 적지 않다. 시대에 따라 명절 선물의 종류는 매우 빠른 속도로 변화하였는데 당시에 선호되던 선물을 보면 시대상도 함께 엿볼 수 있다. 전쟁의 아픔과 상처를 치유하기에 바빴던 1950~60년대에는 밀가루, 달걀과 같이 한 끼 배를 채울 수 있는 식품류가 최고의 선물이었다. 그러나 1970~80년대는 경제 개발과 더불어 질 좋은 의류, 가전제품 등의 선물이 인기를 끌었으며 1990년대부터 요즘에 이르기까지는 건강식품, 한우, 와인, 홍삼, 엄선된 과일과 같이 고급화된 선물이 대세이다. 이와 같은 현상은 단순한 부의 증가를 넘어 질적으로 풍족해진 삶을 더욱 윤택하게 보내고자 하는 국민들의 마음이 반영된 것으로 보인다.

① 적절한 추석 선물을 선택하는 데 어려움을 겪는 사람들이 많다.
② 식품은 시대를 막론하고 모든 연령층에게 가장 인기있는 추석 선물이다.
③ 시대의 흐름에 따라 사람들이 선호하는 추석 선물은 다양하게 변화해 왔다.
④ 부의 상징성을 중요시하는 요즘은 고급스러운 육류 및 주류 선물이 대세이다.

2.

인터넷을 통해 공유되는 영상 콘텐츠가 매우 빠르게 발전하며 다양한 정보 제공의 수단으로 급부상하는 요즘. 대중이 활자 정보에서 영상 정보로 시선을 돌리게 된 가장 큰 이유는 문자로 오롯이 담아내기 힘든 정보를 영상은 입체적이고 생생하게 전달할 수 있기 때문이다. 그러나 영상으로 집약된 정보를 얻는 데에 익숙해진 현대인들은 활자를 접하는 시간이 감소함에 따라 문해력이 저하되는 새로운 문제를 겪고 있다. 이와 같은 현상을 현대판 난독증이라 일컫는다. 게다가 단편적인 영상으로 정보를 획득하기 때문에 새로운 지식을 접해도 깊은 사고로 이어지지 않아 사유하는 힘과 집중력이 급감하고 있다. 현대인이 겪는 새로운 부작용을 줄이기 위해서 대책이 시급한 상황이다. 영상 콘텐츠의 확산을 막을 수 없다면 무분별한 영상 정보의 습득을 지양하고 활자 매체와의 적절한 공존이 반드시 이루어져야 할 것이다.

① 집약된 정보를 파악하기 쉬운 영상 콘텐츠가 빠른 속도로 확산되고 있다.

② 활자 정보가 외면되는 상황이 지속됨에 따라 난독증을 앓는 사람이 늘었다.

③ 영상 및 활자 콘텐츠를 모두 균형있게 활용하여 적절한 정보를 얻어야 한다.

④ 짧은 시간에 많은 정보를 얻을 수 있는 영상 콘텐츠 다양하게 활용해야 한다.

[1-2] 次の文章の主題として最も適切なものを選びなさい。

1.

　毎年恒例の秋夕を迎え、祭祀料理と共に秋夕の贈り物の準備で悩んでいる人が少なくない。★時代によって名節の贈り物の種類は非常に速い速度で変化してきたが、当時好まれていた贈り物を見れば時代像も一緒にかいま見ることができる。戦争の痛みと傷を癒すことに精一杯であった🅰1950～60年代には小麦粉、卵のように一食のお腹を満たすことができる食品類が最高の贈り物だった。しかし🅰1970～80年代は経済開発と共に質の良い衣類、家電製品などの贈り物が人気を集め、🅰1990年代から最近に至るまでは健康食品、韓牛（牛肉）、ワイン、紅参、厳選された果物のように高級ギフトが主流である。このような現象は単なる富の増加を超え、質的に豊かになった暮らしをより豊かに過ごそうとする国民の心が反映されていると思われる。

① 適切な秋夕の贈り物を選択するのに悩む人が多い。
② 食品は時代を問わず、すべての年齢層に最も人気のある秋夕の贈り物である。
③ 時代の流れによって人々が好む秋夕の贈り物は多様に変化してきた。
④ 富の象徴性を重視する最近は、高級肉や酒類の贈り物が主流である。

正解 ③

主題文は文章の前半部にある。秋夕の贈り物が時代によってどのように変化してきたのかを説明する文章であり、🅰で1950年代から現在に至るまで、時代によって好まれる贈り物について述べている。したがって、正解は③である。

単語　□어김없다 間違いない　□제사 祭祀　□선호하다 好む
　　　□변화 変化　□명절 名節　□전쟁 戦争　□풍족하다 豊かだ

149

2.

　インターネットを通じて共有される動画コンテンツが非常に急速に発展し、多様な情報提供の手段として急浮上している今日このごろ、A人々が活字情報から映像情報に目を向けるようになった最大の理由は、文字で完全に盛り込めない情報を動画は立体的かつ生き生きと伝えることができるためである。しかし、動画に集約された情報を得ることに慣れている現代人は、活字に接する時間が減少するにつれ、B読解力が低下するという新しい問題を経験している。このような現象を現代版難読症という。その上、断片的な映像で情報を得ているため、新しい知識に接しても深い思考につながらず、C考える力と集中力が急減している。現代人が経験する新しい副作用を減らすために対策が急がれる状況である。動画コンテンツの拡散を防ぐことができなければ、★無分別な映像情報の習得を避け、活字メディアとの適切な共存が必ずや行われなければならない。

① 集約された情報を把握しやすい動画コンテンツが急速に拡散されている。
② 活字情報が無視される状況が続くにつれ、難読症を患う人が増えた。
③ 動画および活字コンテンツをバランスよく活用し、適切な情報を得る必要がある。
④ 短時間で多くの情報が得られる動画コンテンツを多様に活用しなければならない。

正解③

主題文は文章の後半部にある。Aで動画コンテンツが人気を集めた理由について説明した後、B、Cでこれによって起きる問題点を指摘している。★でこれに対する解決策を提示しているので、正解は③である。

単語　□수단 手段　□담다 盛り込む　□접하다 接する　□사고 思考
　　　□부작용 副作用　□대책 対策　□시급하다 急がれる
　　　□무분별하다 無分別だ　□지양하다 避ける

問題39-41

問題の種類・ポイント

問題39−41 は適切な箇所に〈例〉の文を入れる問題です。

問題13−15と同じ〈タイプ④〉に属しますが、文を正しい順に並べるのではなく、完成している文章のふさわしいところに〈例〉の文を入れる問題なので、以下のような戦略を使うのがよいでしょう。

▶ **〈例〉の文の内容を先に把握する。**

〈例〉の文の主語と述語を素早く探し、文の内容を把握しましょう。接続語がある場合は、前にどのような文が出てくるかを推測します。

▶ **文章から〈例〉の文の主語が言及されているところを探す。**

〈例〉の文の主語が言及または説明されている部分を中心に確認しましょう。〈例〉の文に接続語がある場合、その接続語とうまくつながる部分を探さなければなりません。

〈例題〉

---

39. 다음 글에서 〈보기〉의 문장이 들어가기에 가장 알맞은 곳을 고르십시오.

　왕관은 과거 지배 계층이 착용했던 대표적인 장신구이다. (　㉠　) 장식도 화려하게 더해져 그것을 쓴 왕의 지위를 더욱 돋보이게 했다. (　㉡　) 오늘날 왕관이 가졌던 힘과 지위의 의미는 약화되었으나 고귀한 이미지는 남아 여러 디자인에서 발견된다. (　㉢　) 아름다움이 강조되어야 할 신부의 머리 장식이나 여러 액세서리에 왕관이 활용되고 있는 것이다. (　㉣　)

|보기|
　그래서 백성들이 구하기 힘든 매우 귀하고 값비싼 재료로 만들어졌다.

① ㉠　　② ㉡　　③ ㉢　　④ ㉣

〈64회 TOPIK Ⅱ 읽기 기출문제〉

訳

39. 次の文章で〈例〉の文が入るのに最も適切な箇所を選びなさい。

　王冠は過去に支配階層が着用していた代表的な装身具である。(　㉠　) 装飾も華やかに施され、それを被った王の地位をさらに引き立たせた。(　㉡　) 今日、王冠が持っていた力と地位の意味は弱まったが、高貴なイメージは残り、さまざまなデザインに見られる。(　㉢　) 美しさが強調されるべき花嫁の髪飾りやさまざまなアクセサリーに王冠が活用されているのである。(　㉣　)

|例|
　そのため、民衆が手にすることのできない非常に貴重で高価な材料で作られた。

① ㉠　　② ㉡　　③ ㉢　　④ ㉣

〈64回 TOPIK Ⅱ 読解 過去問〉

152

解答・解説

▶ **〈例〉の文の内容を先に把握する。**

接続語 그래서（そのため）の後に「民衆が手にすることのできない材料で作られた」という内容が出てくるため、先行する文の内容に「民衆が手にすることのできない材料で作った理由」が出てこなければならない。

▶ **文章から〈例〉の文の主語が言及されているところを探す。**

〈例〉の文の主語は明記されていないが「非常に貴重で高価な材料で作られた物」だと考えられる。したがって〈例〉の文の前には「民衆が手にすることのできない材料で作った理由」と「品物」の名前が述べられていなければならない。㉠の前の文には「王冠は過去に支配階層が着用していた代表的な装身具」という内容が出ている。接続語の 그래서（そのため）ともうまくつながることから、正解は①である。

間違いノート

② ㉡の前の文に対して 그래서（そのため）と続くのは不自然である

③ ㉢の前は今日の王冠のイメージに関する内容である。

④ ㉣の前は今日の王冠の活用に関する内容である。

単語　□지배 계층 支配階層　□착용하다 着用する　□장신구 装身具
　　　□화려하다 華やかだ　□지위 地位　□약화되다 弱まる
　　　□강조되다 強調される　□귀하다 貴重だ

練習問題

[1-2] 다음 글에서 〈보기〉의 문장이 들어가기에 가장 알맞은 곳을 고르십시오.

1.

> 　토론에서 타인을 설득한다는 것은 그 사람을 자신이 원하는 방향으로 움직인다는 것을 의미한다. (㉠) 직장에서 동료와 상사를 설득하는 일, 가까운 가족들과 친구들에게 내가 원하는 것을 이해시키는 일까지 설득은 인간과 뗄 수 없는 관계이다. (㉡) 이러한 설득은 상대방을 공감하는 능력에서 시작된다. (㉢) 상대방의 마음을 읽으면서 배려할 때 상대방은 마음의 문을 열게 되고 내가 원하는 방향으로 천천히 설득이 될 것이다. (㉣)

─────── 보기 ───────
> 토론 뿐만 아니라 살면서 많은 사람들은 일상생활에서도 누군가를 설득하고 설득당하며 살아간다.

① ㉠　　② ㉡　　③ ㉢　　④ ㉣

2.

> 　치킨 게임이란 상대방이 무너질 때까지 경쟁을 하는 것을 말한다. (㉠) 다시 말하면 어느 한 쪽이 양보하지 않을 경우 모두 파국으로 치닫게 되는 게임이다. (㉡) 원래 치킨 게임은 1950년대 미국 젊은이들 사이에서 유행하던 자동차 게임의 이름이었다. (㉢) 한밤중에 도로의 양쪽에서 두 명의 운전자가 자신의 차를 몰고 정면으로 돌진하다가 충돌 직전에 핸들을 꺾는 사람이 지는 경기이다. (㉣) 이 용어는 미국과 소련 사이의 극심한 군비 경쟁을 비판하는 용어로 차용되면서 국제 정치학 용어로 굳어지게 되었다.

─────── 보기 ───────
> 그러나 어느 한 쪽도 핸들을 꺾지 않을 경우 승패가 결정되지 않은 데다가 결국 충돌해서 양쪽 모두 피해를 입게 된다.

① ㉠　　② ㉡　　③ ㉢　　④ ㉣

練習問題　訳と解答

[1-2] 次の文章で〈例〉の文が入るのに最も適切な箇所を選びなさい。

1.

　討論で他人を説得するということは、その人を自分が望む方向に動かすということを意味する。（　㋐　）職場で同僚と上司を説得すること、身近な家族や友人に自分が望むことを理解させることにいたるまで、説得は人間と切り離せない関係である。（　㋑　）このような説得は、相手に共感する能力から始まる。（　㋒　）相手の心を読み取りながら配慮する時、相手は心の扉を開くようになり、自分が望む方向に徐々に説得されるはずである。（　㋓　）

例

　討論だけでなく、生きて行く中で多くの人々は日常生活でも誰かを説得し、説得されながら生きていく。

---

① ㋐　　② ㋑　　③ ㋒　　④ ㋓

正解①

〈例〉の文は「討論」の状況以外にも、多くの人々が説得したり、説得されたりしながら生きていくという内容である。冒頭で「討論」について言及しているため、これより前の文に「討論」における説得と関連した内容が出てこなければならない。文章を読むと㋐の前で討論における説得という内容が出ているので、正解は①である。

単語　□타인 他人　□설득 説得　□동료 同僚　□상사 上司
　　　□공감 共感　□배려 配慮

2.

　チキンゲームとは、相手が負けるまで競争することをいう。（　㋐　）言い換えれば、どちらかが譲らない場合、いずれも破局に突き進むことになるゲームである。（　㋑　）元々、チキンゲームは 1950 年代に米国の若者の間で流行っていた自動車ゲームの名前であった。（　㋒　）真夜中に道路の両側から 2 人のドライバーが自分の車を運転して正面に突き進み、衝突の直前にハンドルを切る人が負けるレースである。（　㋓　）この用語は、アメリカとソ連の激しい軍備競争を批判する用語として借用され、国際政治学用語として定着されることとなった。

例

　しかし、どちらもハンドルを切らない場合、勝敗がつかない上に、結局衝突して両者とも被害を被ることになる。

---

① ㋐　　② ㋑　　③ ㋒　　④ ㋓

正解 ④

〈例〉の文はチキンゲームの元となった自動車ゲームのルールの一部を説明した内容である。接続語 그러나（しかし）で始まる冒頭の部分から、すぐ前の文にはどちらかがハンドルを切るという反対の内容が出てくることが推測できる。㋓の前でハンドルを切る人に関する内容が述べられているので、正解は④である。

単語　□무너지다 崩れる　□경쟁 競争　□파국 破局
　　　□치닫다 突き進む　□정면 正面　□돌진하다 突進する
　　　□충돌 衝突　□극심하다 深刻だ

問題42−43

問題の種類・ポイント

問題42は下線部の人物の心情を選ぶ問題、**問題43**は文章の内容と一致するものを選ぶ問題です。

〈問題42〉

問題23と同じ〈タイプ⑧〉のため、以下のような戦略を使うことができますが、難易度は上がります。文章の長さに比例して、人物の心情変化がさらに細かく出てくるため、下線の部分に留意しながら、段落ごとに人物の心情を把握し、全体的な流れを理解することが大切です。

▶ 選択肢を読んで意味を把握する。(表現リスト　p.224参照)
▶ 物語の流れに基づいて人物の心情を把握する。

〈問題43〉

問題20、24、32−34と同じ〈タイプ③〉のため、以下のような戦略を使うことができます。問題20、32−34とは文章の種類が異なり、問題24と同じ文学作品です。しかし、同じ文学作品でも、問題43の方が文章はより長く、比較的レベルの高い語彙、文法表現、内容で構成されています。

▶ 文章の大まかな内容を素早く把握する。
▶ 選択肢の文の内容を提示されている文章から探す。

〈例題〉

[42-43] 다음을 읽고 물음에 답하십시오.

　그때 소희네는 이사를 앞두고 있었는데 엄마는 그렇게 집을 나가 돌아오지 않았다. 작별 인사는커녕 아무 신호도 낌새도 없이 휙 사라졌다. (중략) 엄마가 집 나가고 열흘쯤 지났을 땐가, 소희가 텔레비전을 보고 있는데 본희가 현관에서 신을 신으며 잠깐 나갔다 오겠다고 했다.

　"잠깐 어디?" "친구네." "친구 누구?" 소희가 눈을 맞추려 했지만 본희는 돌아보지 않았다. "늦으면 친구네서 자고 올지도 몰라. 기다리지 말고 자." 돌아서 나가는 본희가 멘 가방이 이상하게 커 보여 소희는 자리에서 벌떡 일어났다. 가만히 서 있다가 갑자기 현관문을 열고 맨발로 뛰어나가 계단을 올라가는 본희 뒷모습에 대고 외쳤다. "언니야. 올 거지?" 본희는 멈춰 섰지만 돌아보지 않았다. <u>소희는 묻고 또 물었다.</u> (중략)

　한참 있다가, 몇 년은 지난 거 같은데 몇 시간쯤밖에 안 지난 한밤중에 언니가 문자를 했다. 소희는 언니가 올 때까지 휴대 전화를 손에 꼭 쥐고 문자를 보고 또 보았다. 그러지 않으면 문자가 감쪽같이 날아갈 것 같았다.

　삼겹살 사가지고 가께. 라면 끓여먹지 말고 기다려.

42. 밑줄 친 부분에 나타난 '소희'의 심정으로 알맞은 것을 고르십시오.

① 불안하다　　② 흡족하다　　③ 실망스럽다　　④ 감격스럽다

43. 위 글의 내용과 같은 것을 고르십시오.

① 본희는 밤늦게 소희에게 연락을 줬다.
② 엄마는 이사하는 날에 집으로 돌아왔다.
③ 본희는 소희를 데리고 친구 집에 놀러 갔다.
④ 소희는 엄마를 기다리며 휴대 전화를 놓지 못했다.

〈64회 TOPIK Ⅱ 읽기 기출문제〉

158

訳

[42−43] 次を読んで、問題に答えなさい。

　当時、ソヒの家は引っ越しを控えていたのに、母はあのような形で家を出て行き帰ってこなかった。別れの挨拶どころか、何の前触れもなくぱっといなくなった。（中略）母が家を出て10日ほど経った時だったか、ソヒがテレビを見ていると、ボンヒが玄関で靴を履きながら、ちょっと出かけてくると言った。

　「ちょっとってどこ？」「友達のところ。」「友達って誰？」ソヒが目を合わせようとしたが、ボンヒは振り返らなかった。「遅くなったら友達のところで泊ってくるかもしれない。待ってないで寝て。」振り向いて出て行くボンヒが背負ったカバンが妙に大きく見え、ソヒは勢いよく立ち上がった。じっと立っていたが、突然玄関のドアを開けて裸足で駆け出し、階段を上がっていくボンヒの後ろ姿に向かって叫んだ。「お姉ちゃん、帰って来るよね？」ボンヒは立ち止まったが、振り返らなかった。ソヒは何度も何度も尋ねた。（中略）

　しばらくして、数年は過ぎたように思われたが実際は数時間しか経っていなかったその真夜中に姉がメールを送ってきた。ソヒは姉が帰って来るまで携帯電話を手にしっかりと握ってメールを何度も何度も見た。そうしないと文字が跡形もなく消えてしまいそうだった。

　サムギョプサルを買ってくよ。ラーメンを食べないで待ってて。

42. 下線を引いた部分に表れている「ソヒ」の心情として適切なものを選びなさい。

① 不安だ　　② 満足する　　③ がっかりする　　④ 感激する

43. 上の文章の内容と一致するものを選びなさい。

① ボンヒは夜遅くソヒに連絡をした。

② 母は引っ越しの日に家に帰ってきた。

③ ボンヒはソヒを連れて友達の家に遊びに行った。

④ ソヒは母を待ちながら携帯電話を手から離せなかった。

〈64回 TOPIK Ⅱ 読解　過去問〉

42.

解答・解説

▶ **選択肢を読んで意味を把握する。**

否定的な感情を取り上げた選択肢がよく出てくるが、この問題のように肯定的な感情の単語が一緒に出てくることもある。このような場合は、まず選択肢が肯定と否定のどちらに属するかを分ける。

▶ **物語の流れに基づいて、人物の心情を把握する。**

妹の方を振り返らず出かけようとする姉にソヒが「お姉ちゃん、帰って来るよね？」と何度も尋ねる場面である。ここから、姉が出かけたまま帰ってこないかもしれないと心配になり、何度も確認するソヒの心情がうかがえる。したがって、正解は①の「不安だ」である。

間違いノート

② 흡족하다（満足する）は何かに対して満足するか、大きな感動を表す表現であるため、誤答である。

③ 실망스럽다（がっかりする）はすでに起きたことに対して心が傷ついた状況を表すので誤答である。

④ 감격스럽다（感激する）はとても大きな感動を感じた時に使う表現であるので、正解ではない。

43.

▶ **文章の大まかな内容を素早く把握する。**

この文章はソヒとボンヒの2人姉妹の話だ。家を出て行き帰ってこない母親のせいで、ソヒは姉のボンヒが出かける時、母親のように帰ってこないのではないかと不安がっている。

▶ **選択肢の文の内容を提示されている文章から探す。**

文章の最後の方で「真夜中に姉がメールを送ってきた。」という内容があるため、正解は①である。

間違いノート

② 「母はあのような形で家を出たまま帰ってこなかった。」という内容から「母親は引っ越しの日、家に帰ってこなかった。」という事実がわかる。

③ 文章に「ボンヒがちょっと出かけてくると言った。」という内容があるため、ボンヒはソヒを連れて一緒に友達の家に遊びに行っていないことがわかる。

④ ソヒは母親ではなく姉のことを待ってメールを見ていたため、一致しない。

単語　□앞두다 控える　□작별 別れ　□신호 信号、合図　□낌새 気配
　　　□사라지다 消える　□벌떡 勢いよく立ち上がったりするさま
　　　□한참 しばらく　□감쪽같이 跡形もなく

練習問題

問題 42

[1-2] 밑줄 친 부분에 나타난 인물의 심정으로 알맞은 것을 고르십시오.

1.

> 십여 년 전 어느 여름날. 내가 교단에 선지 4개월 남짓의 시간이 흘렀을 때이다. 애써 담담한 척 분필을 잡고 있었지만, 남들 앞에만 서면 긴장하는 탓에 누가 봐도 어리숙한 내 모습은 마치 '신입 교사'라고 온몸으로 외치고 있는 듯했다.
>
> 숫기도 없거니와 왜소한 체격의 나는 내 몸집의 두 배는 커 보이는 녀석들에게 만만해 보이지 않으려고 괜히 미간을 찌푸리거나 싸늘한 표정을 짓곤 했다. 임용고시에 합격한 후 선배들로부터 사춘기 남학생들은 무조건 기선 제압이라고 귀가 닳도록 들었던지라 강해 보여야 한다는 강박에 짓눌렸던 것이리라. 지금 생각해보면 그런다고 누가 나를 무섭게 볼까 싶다만 당시엔 몇 날 며칠 밤을 새워 생각해 낸 묘안이었다. 학생들에게 더 다가가고 싶은 마음과 함께 행여 친해져서 '나를 무시하면 어떡하지?'라는 생각이 교차할 때마다 나는 결국 싸늘한 표정으로 무장하고 교실 문을 열었다.
>
> 그렇다고 수업을 성의 없이 한다거나 학생들의 말을 무시하는 일은 일절 없었다. 마음속으로는 누구보다 내 첫 제자들을 사랑했고 언젠가는 진심이 전해지길 바랄 뿐이었다. 그렇게 시간이 흘러 계절이 바뀌어 세상이 온통 하얘진 어느 날, 나는 교무실에 남아 학생들의 작문 숙제를 보다가 익살스러운 표현을 발견하여 나도 모르게 웃고 있었다. 그렇게 무방비 상태였던 내 어깨를 누군가가 톡톡 쳤다.
>
> "저 선생님…."
>
> "어머, 그래 강인아 무슨 일이니?". "숙제 드리고 가는 걸 깜빡해서…."
>
> "그래 이제 가 보렴, 다음에 교무실 들어올 때는 꼭 노크하고."
>
> "죄송합니다. 안녕히 계세요."
>
> <u>나는 황급히 숙제를 낚아채듯 받고 괜히 죄 없는 책상만 뒤적이며 바쁜 척을 했다.</u> 어찌나 창피했는지 불이 뿜어져 나올 만큼 빨개진 얼굴이 책상 틈 너머 거울에 비쳤다. 그리고 나는 깨달았다. 아무리 가면을 써도 마음까지 무

장할 수 없다는 것을. 애꿎은 학생에게 인상을 쓰며 대답한다 한들 마음까지
대담해질 수 없다는 것을.

　다음 날 나는 미소와 함께 교실 문을 열었다.

① 허탈하다　　② 담담하다　　③ 곤혹스럽다　　④ 당황스럽다

2.

　나는 학창시절 늘 상위권의 성적을 유지했고 어느 학원에 가도 선생님들께
곧잘 따라오거니와 이해력이 좋다며 칭찬을 받았다. 나도 그들의 말을 믿고
아무리 수능을 망친다 한들 중위권 대학은 갈 거라고 철석같이 믿었는데 고3
입시는 그 누구도 예상하지 못한 대재앙으로 끝이 났다. 내 이름 석 자가 적
힌 성적표를 보고도 음모론이라 생각될 만큼 초등학교, 중학교, 고등학교 12
년간 경험해본 적 없는 최악의 성적이 나왔다. 내 점수로 원서를 넣을 수 있
는 곳이란 평생 내가 갈 대학의 마지노선으로도 여기지 않았던 곳들뿐이었다.
원서에 내 이름을 쓰는 것마저도 자존심이 용서치 않아 나는 조금의 망설임
도 없이 재수의 길로 들어섰다.

　그리고 일 년이면 끝날 것이라 생각한 암흑의 터널은 5년간 계속되었다.
첫 수능의 실패는 생각보다 큰 후유증을 남겼다. 모의고사에서는 전성기 때
처럼 좋은 성적을 냈지만, 시험장에만 들어서면 고3 입시의 악몽이 떠올라
손이 떨리고 머릿속이 하얘졌다. 해를 거듭할수록 조금씩 나아지기는 했으
나 과거의 내가 만족할만한 점수는 끝끝내 나오지 않았다. 그리고 다섯 번째
수능. 나에게 더는 물러설 곳도 없었다.

　수능을 마치고 집에 돌아오니 부모님은 이제 어땠냐고 물어보지도 않고,
아무 날도 아닌 듯 텔레비전을 보고 계셨다. 정말 무심해서가 아니라 그렇게
하는 게 나를 돕는 거라는 걸 자연스럽게 알게 되신 거다. 연년생 여동생은
내가 재수를 하던 해에 대학에 입학했고 이제는 졸업을 앞두고 있다. 고등학
교 때까지는 매일 온종일 재잘재잘 이런저런 얘기를 나누었는데 첫 수능 이
후 내 눈치를 보느라 엠티며 소개팅이며 대학생이면 누구나가 경험할 법한
에피소드는 되도록 꺼내지 않는 게 느껴졌다. 그러다 보니 서로 대화가 점점
줄었고 이제는 직장 동료처럼 날씨 얘기나 하는 사이가 돼버렸다. 식구들 모
두에게 눈칫밥을 먹게 한 이 죄인은 조용히 방에 들어와 채점할 준비를 했다.

이 세상의 모든 신에게 마음속으로 나를 외면하지 말아 달라고 되뇌며 시험지를 끌어안고 두 눈을 질끈 감았다. 30분 후, 나는 눈물 콧물 범벅이 된 얼굴로 가족들을 불렀다.

"너 왜 그래? 응? 왜 울어? 또 잘 안됐어?"

"언니 울지 마. 울지 말고 얘기해 봐."

"아빠가 있잖아. 우리 딸 울지 말고. 시험 좀 못 보면 어떠니"

"아니야… 아니야…"

"아니야? 뭐가 아니야?"

나는 채점한 시험지를 가족들에게 건넸다. 이대로만 성적이 나온다면 상위권 대학은 어디든 들어갈 수 있을 만한 점수가 나왔다. 한 명씩 시험지를 돌려보고는 온 가족이 서로를 끌어안고 엉엉 울었다. 그날 나는 암흑의 터널에서 드디어 나오게 되었다.

① 야속하다　② 간절하다　③ 거만하다　④ 괘씸하다

問題 43

[1-2] 글의 내용과 같은 것을 고르십시오.

1.

선미에게 집에 있는 식탁이 작고 무겁다고 불평했던 것을 영미도 기억하고 있었다. 그러나 심각한 수준은 아니었고, 엉망으로 어질러진 집안을 보여주는 것도 내키지 않았으나 영미는 현관문을 활짝 열었다. 테이블은 세 사람이 달라붙어서 비스듬히 기울이고 나서야 간신히 현관문을 통과했다. 몸이 불편한 준석이 멀찌감치 서서 이리로 저리로 방향을 일러주고 난 다음이었다.

"식 올리고 인사도 제대로 못 했잖아. 선물이라고 생각해요. 바퀴가 있어서 엄청 편해."

선미가 테이블을 밀어 보이자 하얀 테이블이 부드럽게 움직였다. 네 사람은 이른 저녁을 먹었다. 누군가 찾아왔다는 사실에 들뜬 준석의 표정과 여유롭게 느껴지는 선미 부부의 모습. 베란다 창으로 들어오는 선선한 바람에 북적거리는 분위기가 영미의 기억 속에 사진처럼 남았다.

"내년에 이사할 때 우리도 이 정도 크기로 알아보자. 방이 두 개는 있어야지.

둘이 지내기엔 방이 너무 좁아. 마을버스도 빨리 끊기고. 아예 중고차를 하나 살까? 다른 건 몰라도 냉장고는 진짜 살 거야. 안 쓰는 것도 싹 갖다 버리고."

식사가 끝날 즈음 선미가 찬우에게 소곤거렸다. 찬우는 조심스럽게 사방을 살피며 말이 없었고 대답을 한 건 영미였다.

"이보다 더 넓은 집으로 가야지. 둘이 버는데 뭐가 걱정이야. 그러지 말고 적당한 집을 사. 자꾸 세 살면서 옮겨 다니지 말고."

① 영미는 선미를 초대해서 집안을 보여주고 싶었다.
② 준석은 테이블을 옮기는 것을 적극적으로 도와줬다.
③ 찬우가 선미에게 방이 두 개인 집으로 이사하자고 했다.
④ 선미와 찬우는 지금 월세집에서 살고 있으며 아직 집을 사지 못했다.

2.

고등학교 2학년이 되어서 문과와 이과로 반을 나누게 되었다. 지수가 나에게 아무 말도 없이 문과를 택한 것을 나중에 알고 서운했다. 지수의 어머니는 문과를 별로 좋아하지 않으셨는데 나는 지수에게 서운함이 사라지지는 않았지만 처음에는 지수의 편을 들어 줬다.

"어머니, 문과를 간다고 해서 꼭 문학을 전공하고 취업을 못하는 것은 아니에요."

어머니를 설득하려고 했지만 어머니에게도 사정이 있었다. 지수의 오빠가 문과로 진학하여 문학을 전공했는데 사회에 제대로 참여해서 돈 한 푼 벌지 못하고 결국 경제적 어려움에 우울증까지 걸린 사실이 어머니에게는 큰 아픔이 되었다. 지수마저 그런 힘든 인생이 될까봐 겁을 먹은 지수의 어머니는 결국 학교에 가서 담임 선생님에게 부탁했다.

"지수, 이과로 전과할 수 없을까요?"

어머니의 간절한 마음과 지수의 오빠 이야기를 듣고 나는 끝까지 어머니를 말릴 수 없었다. 그래서 이번에는 지수를 설득하려 했다.

"너희 담임 선생님이 너는 인문계보다는 이공계가 더 적성에 맞을 거라고 하셨어. 내가 보기에도 너는 이과로 진학을 하면 정말 잘할 것 같아."

지수는 말이 없었다.

결국 지수는 어머니와 나의 입김에 못 이겨 이과로 전과하게 되었고 대학

진학도 공대로 진학하기로 마음먹었다. 그러나 지수가 희망하는 공대에 그 해 유난히 우수한 지원자가 몰려서 결국 대학 입시에 낙방하게 되었다. 지수는 재수는 절대 할 수 없다고 주장하면서 결국 이름 없는 작은 대학교 토목과에 들어가게 되었다.

지금 돌이켜 보면 나와 지수 어머니의 선택이 지수의 인생을 더 힘들게 바꾼 것은 아닐까 생각이 든다.

"알겠어."

지수의 어머니와 나의 강한 설득 끝에 지수가 내뱉은 한마디는 알겠다는 말과 씁쓸한 미소였다. 당시에는 지수가 문과에 대한 아쉬움이 생각보다 크지 않아서 다행이라고만 생각했다. 그런데 지수의 반짝이는 눈빛, 생기 있는 목소리를 못 듣게 된 건 그때부터였던 것 같다. 인생에서의 중요한 선택, 지수의 꿈을 여러 상황 때문에 억누른 어머니와 나의 모습이 계속 마음에 걸린다.

"네가 하고 싶은 것을 선택해!"

"네가 선택하는 게 맞는 거야!"

지수가 듣고 싶었던 말들을 해 주지 못한 것이 후회된다. 자신의 선택과 꿈을 응원받지 못한 채 성인이 되는 지수가 안쓰러웠다.

① 지수의 어머니는 지수의 선택을 응원했다.
② 지수는 고등학교 과 선택을 나와 미리 상의했다.
③ 지수는 어머니와 나의 말을 듣고 고등학교 때 과를 옮겼다.
④ 나는 지수의 선택과 꿈을 응원해 주지 못한 것을 후회하지 않는다.

問題42

【1-2】 下線を引いた部分に表れている人物の心情として適切なものを選び
なさい。

1.

　十数年前のある夏の日。A私が教壇に立ってから4ヵ月余りの時間が経っ
た時だ。努めて淡々とチョークを握っていたが、人前に立つと緊張するせい
で、誰の目にも世間知らずと映る私の姿はまるで「新任教師」だと全身で主
張しているようだった。

　恥ずかしがり屋で、小柄な体格の私は、自分の体の2倍の大きさに見え
る男子生徒たちにB見くびられないように、わざと眉間にしわを寄せたり、
冷たい表情をしたりした。採用試験に合格した後、先輩たちから思春期の男
子生徒はとりあえず機先を制するようにと耳にタコができるほど聞かされて
いたので、強く見せなければという重圧に押しつぶされていたからであろう。
今考えてみると、そうしたとして誰が私を怖く思っただろうかと思うが、当
時は何日も徹夜して思いついた妙案であった。生徒たちにもっと近づきたい
気持ちとともに、もし親しくなって「私のことを馬鹿にしてきたらどうしよ
う？」という思いが交差する度、私は結局冷たい表情で武装して教室のドア
を開けた。

　だからといって、授業をいいかげんに行ったり、生徒たちの言葉を無視し
たりすることは一切なかった。心の中では誰よりも私の初めての教え子たち
を愛していて、いつかは私の気持ちが伝わることを願うだけだった。そのよ
うに時間が経ち季節が変わって、世の中がすっかり（雪で）白くなったある
日、私は職員室に残ってC生徒たちの作文の宿題を見て、滑稽な表現を見
つけて思わず笑っていた。そんな無防備だった私の肩を誰かがとんとんと叩
いた。

「あの、先生…。」

「あら、カンイン、どうしたの？」「宿題を提出するのを忘れて…」

「そう、もう帰りなさい。次回からは職員室に入る時は必ずノックしてね」

「すみません。さようなら。」

私は慌てて宿題をひったくるようにして受け取り、★訳もなく罪のない机をひっかき回しながら忙しいふりをした。Cあまりにも恥ずかしくて、火が噴き出るほど赤くなった顔が机の隙間から向こうの鏡に映った。そして私は悟った。いくら仮面をかぶっても心まで武装できないということを。罪のない学生にしかめっ面で答えたとして心まで大胆になれないということを。

翌日、私は笑顔で教室のドアを開けた。

① 虚しい　　② 淡々としている　　③ 困惑する　　④ うろたえている

正解 ④

A「私」は新任教師だった。

B甘く見られないようにいつも眉間にしわを寄せていた。

C生徒に笑っている姿を見られた。それで恥ずかしさで顔が赤くなった。

→「私」は★にあるように予期せぬことにうろたえている状況である。したがって、正解は④である。

単語　□교단 教壇　□남짓 余り　□긴장하다 緊張する
　　　□괜히 訳もなく　□무조건 とりあえず　□성의 誠意

2.

私は学生時代、いつも上位グループの成績を維持し、どの塾に行っても先生たちから、（授業に）よくついてくるだけでなく、理解力が良いと褒められていた。私も彼らの言葉を信じて、いくら大学入試に失敗したとしても、A中位グループの大学には行くだろうと固く信じていたが、高校3年生の入試は誰も予想できなかった大惨事に終わってしまった。私の名前3文字が書かれている成績表を見ても何かの陰謀かと思われるほど、小学校、中学校、高校12年間経験したことのない最悪の成績が出た。私の点数で願書を出すことができるところは、生涯私が行く大学の最低ラインとも思わなかったところばかりだった。願書に自分の名前を書くことさえ自尊心が許さず、私は少しの迷いもなく（受験）浪人の道に入った。

そして B 1年で終わると思っていた暗黒のトンネルは5年間続いた。最初の大学入試の失敗は思ったより大きな後遺症を残した。模擬試験では全盛期のように良い成績を出したが、試験場に入ると高校3年生の入試の悪夢が浮かび、手が震えて頭の中が真っ白になった。年を重ねるごとに少しずつ良くなってきたが、過去の自分が満足できる点数は最後まで出なかった。そして5回目の大学入試。私にはもう後がなかった。

C 大学入試を終えて家に帰ると、両親はもうどうだったのかと聞きもせず、特別な日でもないようにテレビを見ていた。本当に無関心だからではなく、そうするのが私の助けになるということを自然にわかっていた。1歳差の妹は私が浪人していた年に大学に入学し、今は卒業を控えている。高校時代までは毎日一日中ぺちゃくちゃあれこれとしゃべっていたが、最初の大学入試以後、私の顔色をうかがって、合宿だの合コンだの、大学生なら誰でも経験しそうな話（エピソード）はなるべく取り上げないようにしているのが感じられた。そのため、お互いに会話がだんだん減り、今は職場の同僚のように天気の話などをする仲になってしまった。C 家族みんなに気兼ねさせながら生活させてきたこの罪な人間は静かに部屋に入って採点する準備をした。

この世の★すべての神に心の中で私のことを見捨てないでほしいと繰り返し言いながら、試験用紙を抱きしめて両目をぎゅっと閉じた。30分後、私は涙と鼻水だらけの顔で家族を呼んだ。

「どうしたの？ うん？ どうして泣くの？ またうまくいかなかったの？」
「お姉ちゃん泣かないで、泣かないで話してみて。」
「お父さんがいるじゃない。ほら、泣かないで。試験がちょっとうまくいかなくても大丈夫だよ。」
「違う…違う…」
「違うって？ 何が違うの？」

私は採点した試験用紙を家族に渡した。このままの成績が出れば、上位グループの大学はどこにでも入れるほどの点数が出た。一人ずつ試験用紙を回し見ながら、家族全員が抱き合ってわんわん泣いた。その日、私はついに暗黒のトンネルから抜け出すことができた。

① 薄情だ ② 切実だ ③ 傲慢だ ④ いまいましい

A 「私」は高校時代、成績が良かったため、良い大学に行くと思っていた
が大学入試に失敗した。

B そして5年間浪人生活が続いた。

C 家族は「私」のために入試が終わっても試験について聞かなかった。
「私」は家族に気兼ねさせながら生活させてきた自分を罪人だと感じた。

→ 「私」は★にあるように神に祈ってでも良い試験結果を得たいという切
実な気持ちで採点をしようとする状況である。したがって、正解は②
の「切実だ」である。

単語　□성적 成績　□유지하다 維持する　□칭찬 賞賛　□최악 最悪
　　　□만족하다 満足する　□물러서다 退く

問題43

【1-2】 文章の内容と一致するものを選びなさい。

1.

　ソンミに家にある食卓が小さくて重いと不満を言ったことをヨンミも覚え
ていた。**A** しかし、深刻なレベルではなく、散らかっている家を見せるの
も気が進まなかったが、ヨンミは玄関のドアを大きく開けた。テーブルは3
人がくっついて斜めに傾けてやっと玄関のドアを通過できた。**B** 体の不自
由なジュンソクが遠くに立って、あっちだこっちだと方向を教えた後のこと
だった。

　「式を挙げてから挨拶もまともにできなかったじゃない。プレゼントだと
思ってね。キャスター付きですごく楽だよ。」

　ソンミがテーブルを押すと、白いテーブルが滑らかに動いた。4人は早め
の夕飯を食べた。誰かが訪ねてきたという事実にうきうきしているジュンソ
クの表情と余裕を持ったように感じられるソンミ夫婦の姿。ベランダの窓か
ら入ってくる涼しい風に、にぎやかな雰囲気がヨンミの記憶の中に写真のよ
うに残った。

　C 「来年引っ越す時、私たちもこのくらいの大きさで探してみよう。部

屋が2つはないと。2人で過ごすには部屋が狭すぎだね。コミュニティーバスも早く終わるし。何なら中古車を一台買おうか？　他のものはさておき、冷蔵庫は本当に買うからね。使わないものも全部捨てて。」

　食事が終わる頃、ソンミがチャヌにひそひそと話をしていた。チャヌは用心深く周りを見回しながら黙っており、返答したのはヨンミだった。

　「これよりもっと広い家に移らないと。2人で稼いでるのに何が心配なの。そんなこと言わずに2人に合った家を買いなよ。★賃貸で暮らしながら何度も引っ越しなどしないで。」

① ヨンミはソンミを招待して家の中を見せたかった。
② ジュンソクはテーブルを動かすのを積極的に手伝ってくれた。
③ チャヌがソンミに部屋が2つある家に引っ越そうと言った。
④ ソンミとチャヌは今、賃貸住宅に住んでいて、まだ家を買っていない。

正解 ④
① ヨンミはソンミを招待して家の中を見せたかった。
→ A ヨンミはソンミに家を見せるのは気が進まなかった。
② ジュンソクはテーブルを動かすのを積極的に手伝ってくれた。
→ B ジュンソクは体が不自由で方向だけ教えてくれた。
③ チャヌがソンミに部屋が2つある家に引っ越そうと言った。
→ C ソンミがチャヌに部屋が2つある家に引っ越そうと言った。
④ ソンミとチャヌは今、賃貸住宅に住んでいて、まだ家を買っていない。
→ ★正解

単語　□엉망 めちゃくちゃ　□내키다 気が進む　□일러주다 教える
　　　□들뜨다 うきうきしている　□북적거리다 にぎやかだ
　　　□끊기다 途切れる　□소곤거리다 ひそひそと話をする

2.

　高校2年生になって文系と理系にクラスを分けることになった。Ｂジスが私に何も言わずに文系を選んだことを後で知り、寂しい気持ちになった。Ａジスの母親は文系があまり好きではなく、私はジスへの寂しい気持ちが消えたわけではなかったが、初めはジスの肩を持ってあげた。

　「おばさん、文系に行くからといって必ずしも文学を専攻して就職できないわけではありませんよ。」

　おばさんを説得しようとしたが、おばさんにも事情があった。ジスの兄が文系に進学して文学を専攻したが、社会にきちんと参加してお金一銭も稼ぐことができず、結局経済的に困った上に、うつ病にまでなった事がおばさんには大きな痛みとなっていた。ジスまでもそのような大変な人生になるのではないかと恐れていたジスの母親は、結局学校に行って担任の先生に頼んだ。

　「ジス、理系に変えることはできませんか？」

　おばさんの切実な気持ちとジスの兄の話を聞いて、私は最後までおばさんを止めることができなかった。それで今度はジスを説得しようとした。

　「あんたの担任の先生が、あんたは人文系よりは理工系の方がより適性に合うって言われてたよ。私が見てもあんたは理系に進学すれば本当にうまくできると思うよ。」

　ジスは黙っていた。

　★結局、ジスは母親と私からの圧力に勝てず理系に変えることになり、大学進学も工科大学に進学することに決めた。しかし、ジスが希望していた工科大学にその年はとりわけ優秀な志願者が殺到し、結局大学入試に失敗してしまった。ジスは浪人生活は絶対できないと主張し、結局名前のない小さな大学の土木学科に入ることになった。

　今振り返ってみると、私とジスの母親の選択がジスの人生をさらに大変なものに変えたのではないかと思う。

　「わかった。」

　ジスの母親と私の強い説得の末、ジスが吐き出した一言は「わかった」という言葉と苦笑いだった。当時はジスが文系に対する残念な気持ちが思ったより大きくなくて良かったとだけ思っていた。ところがジスのきらきらとした目の輝き、生き生きとした声を聞くことができなくなったのはその時から

だったと思う。人生における重要な選択、ジスの夢をさまざまな状況のために抑えてしまった母親と私の姿がずっと気にかかる。

「あんたがやりたいことを選んで！」

「あんたが選ぶのが正しいんだよ！」

C ジスが聞きたかったことを言ってあげられなかったことが悔やまれる。自分の選択と夢を応援されないまま成人になるジスがかわいそうだった。

① ジスの母親はジスの選択を応援した。

② ジスは高校の進路選択について私にあらかじめ相談した。

③ ジスは母親と私の話を聞いて高校の時、進路を変えた。

④ 私はジスの選択と夢を応援できなかったことを後悔しない。

正解 ③

① ジスの母親はジスの選択を応援した。

→ **A** ジスの母親は文系（ジスの選択）に反対だった。

② ジスは高校の進路選択について私にあらかじめ相談した。

→ **B** ジスは私に何も言わずに文系を選んだ。

③ ジスは母親と私の話を聞いて高校の時、進路を変えた。

→ ★正解

④ 私はジスの選択と夢を応援できなかったことを後悔しない。

→ **C** 私はジスの選択と夢が応援できなくて後悔している。

単語 □문과 文系　□이과 理系　□전과 転科　□적성 適性
　　　□입김 圧力（相手に与える影響力の比喩表現）
　　　□낙방하다 落ちる　□씁쓸하다 ほろ苦い　□억누르다 抑える

問題44

問題44は主題文を選ぶ問題です。

問題35-38と同じ〈タイプ②〉のため、以下のような戦略を使うことができます。しかし、問題35-38より文章が長くなり、語彙と文法表現のレベルがさらに高くなっています。

▶ 繰り返されるキーワードを探して何に関する文章であるかを把握する。

▶ 文章の後半部を注意して読む。

▶ 最もテーマが明確に示されている選択肢を選ぶ。

「主題文を選ぶ」タイプはキーワードを中心に全体的な内容を把握しなければなりません。問題44は問題35-38と同様に、文章の後半部に中心となるテーマが出てくることが多くあります。ただし、まれに文章の前半部でテーマを提示し、これに関連した具体的な例を述べるというものもあります。この場合は冒頭の文から後半部まで、すべてを集中して読まなければなりません。

〈例題〉

44. 다음 글의 주제로 알맞은 것을 고르십시오.

성대하고 까다로운 제사 준비 탓에 유교 예법을 비판하는 사람들이 많다. 하지만 현재 우리가 지키고 있는 예법은 (　　　　) 잘못된 예법이 전해져 온 것이다. 유교 전문가들은 제사든 차례든 조상을 공경하는 마음과 자손들의 화목이 중요하다고 말한다. 선조들은 제사를 드릴 때 좋은 음식을 많이 준비하는 것보다 그 음식을 준비하는 마음과 정성을 중시했던 것이다. 유서 깊은 집안에서는 이러한 제사의 본질을 제대로 이해하여 상차림은 간소하게 하되 집안 사람들이 모두 모여 함께 제사를 드리는 경우가 많다. 형식보다 정성이 중요하다는 유교의 가르침을 지키고 있는 것이다.

① 조상을 모시는 제사상 차림은 점차 간소화되고 있다.
② 유교 문화는 후손들에 의해 유동적으로 변화되고 있다.
③ 명절에 제사를 드리는 전통은 예법에 맞게 유지되고 있다.
④ 유교 예법에서 중요한 것은 정성을 다해 예를 갖추는 것이다.

〈64회 TOPIK Ⅱ 읽기 기출문제〉

訳

44. 次の文章の主題として適切なものを選びなさい。

　盛大で複雑な祭祀の準備のため、儒教の礼法を批判する人が多い。しかし、現在私たちが守っている礼法は（　　　　）誤った礼法が伝わってきたものだ。儒教の専門家たちは祭祀であろうが茶礼であろうが、先祖を敬う気持ちと子孫の和睦が重要だという。先祖は祭祀を行う時、良い食べ物をたくさん用意するより、その食べ物を準備する心と誠意を重視したのだ。由緒ある家柄ではこのような祭祀の本質をきちんと理解し、膳立ては簡素にするものの、家族が皆集まって一緒に祭祀を行う場合が多い。形式より誠意が大事だという儒教の教えを守っているのだ。

① 先祖を祀る祭祀の膳立ては次第に簡素化されている。

② 儒教文化は子孫によって流動的に変化している。

③ 祝日に祭祀を行う伝統は礼法に合った形で維持されている。

④ 儒教の礼法で重要なことは、誠意を持って礼を尽くすことだ。

〈64回TOPIK Ⅱ 読解 過去問〉

解答・解説

▶ **繰り返されるキーワードを探して何に関する文章であるかを把握する。**
文章と選択肢に「儒教、礼法」がよく登場しているので、これと関連した文章であることがわかる。また、キーワードの意味を正確に知らなくても、文脈の中で意味を推測し、全体的な内容を把握しなければならない。

▶ **文章の後半部を注意して読む。**
人々が信じる多くの礼法は間違って伝えられてきたものだと説明し、文章の中頃ではこれを裏付ける根拠が提示される。文章の後半部で祭祀の本質を理解し、形式より誠意の重要性を強調することが儒教の教えだと叙述している。

▶ **最もテーマが明確に示されている選択肢を選ぶ。**
上記の内容に基づいて儒教で最も重要なことは形式より「誠意」であることがわかる。従って正解は④である。

間違いノート

① 由緒ある家柄では祭祀の本質を重視し、簡素な膳立てにするとは述べられているが「次第に簡素化されている」とは述べられていないので誤答である。

②・③ 文章中には書かれていないので誤答である。

単語　□성대하다 盛大だ　□까다롭다 複雑だ　□제사 祭祀
　　　□차례 旧正月や秋夕などに行う略式の祭祀　□유교 儒教
　　　□비판하다 批判する　□전해지다 伝わる　□중시하다 重視する
　　　□본질 本質

練習問題

[1-2] 다음 글의 주제로 가장 알맞은 것을 고르십시오.

1.

　　예쁘고 화려한 용기, 깨끗한 피부를 꿈꾸게 하는 광고 모델, 합리적인 가격 등을 제치고 안정성 높은 성분이 화장품을 고르는 새로운 요소로 떠오르고 있다. 요즘 화장품을 구매하기에 앞서 어려운 화학용어가 즐비한 성분표 분석에 열을 올리는 사람들은 더이상 일부가 아니다. 기존의 소비자들이 광고 모델을 보며 그들과 같은 미모를 꿈꿨다면 이제는 내 몸에 직접 바르는 제품이 얼마나 안전하고 효과적인가를 구체적으로 분석하는 똑똑한 소비자로 거듭났다.

　　이러한 현상은 화장품 업계 전반에 지대한 영향을 미쳤다. 이제는 유명하지 않더라도 안전하고 순한 제품, 나의 피부와 가장 맞는 성분이 많이 함유된 제품, 용기는 투박하더라도 내용물은 믿고 쓸 수 있는 제품을 바라는 소비자가 늘어나면서 막연한 아름다움을 추구하는 화장품은 설자리를 잃게 되었다. 더욱이 화장품 성분을 분석해주는 전문 블로그부터 어플리케이션까지 등장하여 다수의 소비자들이 화장품 브랜드의 명성으로 화장품을 사던 기존의 풍토가 송두리째 바뀌었다. 이제는 막을 수 없는 화장품 성분 분석 열풍은 만족도 높은 소비를 갈망하는 현대인들의 자연스러운 흐름으로 보아야 할 것이다.

① 요즘 소비자들은 안전한 성분과 입증된 효과를 바탕으로 화장품을 고른다.
② 화장품 성분을 분석하는 전문가가 새로이 전망있는 직업으로 떠오르고 있다.
③ 미모의 광고 모델 고용만으로는 예전과 같은 화장품 판매 수익을 기대하기 어렵다.
④ 유명하지 않지만 효과가 좋은 화장품을 찾아 사람들에게 정보를 공유하는 것이 유행이다.

2.

어깨와 목이 뻣뻣할 때 머리가 같이 아프고 유독 오후에 더 심한 통증이 나타나는 두통으로 고생한 적이 있다면 '긴장성 두통'을 앓았던 것이다. 이는 책상 앞에 오래 앉아있거나 반복되는 작업으로 어깨, 등, 목의 근육이 경직되어 유발되는 두통으로 스트레스의 장기화 역시 원인이 된다. 또한 지나치게 무언가를 걱정하거나 모든 것을 완벽하게 해내려고 노력하는 사람, 쉽게 화를 내는 사람이 긴장성 두통에 노출될 확률이 높다.

긴장성 두통은 다른 두통과 마찬가지로 진통소염제를 먹거나 가벼운 휴식을 취하면 호전되는 경우가 많다. 그러나 근본적인 원인은 과도한 긴장 상태에서 오는 근육의 경직, 원활하지 않은 혈액순환이므로 동일한 자세를 한 시간 이상 취하지 않고, 수시로 스트레칭과 뭉친 근육을 풀어주는 것이 좋다. 특히 긴장성 두통은 재발이 잦고 근육 경직에 따라 통증이 가중될 수 있기 때문에 약물에 의존하기보다 앞서 제시한 근본적인 해결책에 초점을 두어 생활습관을 개선하고자 노력해야 한다.

① 과도한 학업이나 업무로 긴장성 두통을 앓는 사람이 늘고 있다.
② 지나치게 완벽함을 추구하거나 다혈질인 사람은 두통에 노출되기 쉽다.
③ 긴장성 두통은 통증의 정도에 따라 단계적으로 약물 투여를 늘려가야 한다.
④ 긴장성 두통의 가장 적절한 치료는 같은 자세를 유지하지 않고 스트레칭을 하는 것이다.

【1-2】 次の文章の主題として最も適切なものを選びなさい。

1.

　きれいで華やかな容器、きれいな肌を夢見させる広告モデル、合理的な価格などを抜き、安定性の高い成分が化粧品を選ぶ新しい要素として浮上している。最近、化粧品を購入する前に難しい化学用語が並んでいる成分表の分析に熱を上げている人は、もはや一部ではない。従来の消費者が広告モデルを見て、彼らのような美貌を夢見たとすれば、<u>A 今は自分の体に直接塗る製品がどれほど安全で効果的かを具体的に分析する賢い消費者に生まれ変わった。</u>

　このような現象は化粧品業界全般に多大な影響を及ぼした。今は有名でなくても安全で肌に優しい製品、自分の肌に最も合う成分が多く含まれている製品、容器は粗末であっても中身は信じて使える製品を望む消費者が増えたことで、漠然とした美しさを追求する化粧品は居場所を失うことになった。さらに化粧品の成分を分析する専門のブログからアプリケーションまで登場し、多くの消費者が化粧品ブランドの名声で化粧品を買っていた従来の風土（考え方）が完全に変わった。★もはや止めることのできない化粧品の成分分析ブームは、満足度の高い消費を切望する現代人の自然な流れと見るべきだろう。

① 最近、消費者は安全な成分と立証された効果に基づいて化粧品を選ぶ。
② 化粧品成分を分析する専門家が新たに将来性のある職業として浮上している。
③ 美貌の広告モデルを雇うだけでは、以前のような化粧品の販売収益を期待するのは難しい。
④ 有名ではなくても効果の良い化粧品を探し、人々に情報を共有することが流行している。

2.

　肩や首が凝っている時に頭が一緒に痛み、特に午後になるとさらに激しい痛みが出る頭痛で苦労したことがあるとすれば「緊張型頭痛」を患っていたことになる。これは机の前に長時間座っていたり、繰り返しの作業で、肩、背中、首の筋肉が硬直して誘発される頭痛であり、ストレスの長期化もまた原因となる。また、過度に何かを心配する人やすべてを完璧にやり遂げようと努力する人、怒りっぽい人が緊張型頭痛になる確率が高い。

　緊張型頭痛は、他の頭痛と同様に鎮痛消炎剤を飲むか、軽い休息を取れば良くなる場合が多い。しかし、Ａ根本的な原因は過度な緊張状態から来る筋肉の硬直、円滑でない血液循環なので、同じ姿勢を 1 時間以上取らず、随時ストレッチして、凝っている筋肉をほぐした方がよい。特に緊張型頭痛は再発が多く、筋肉硬直により痛みが酷くなる可能性があるため、★薬に依存するより、先に提示した根本的な解決策に焦点を当てて生活習慣を改善しようと努力しなければならない。

① 過度な学業や業務で緊張型頭痛を患う人が増えている。

② 過度に完璧さを追求する人や、血の気の多い人は頭痛になりやすい。

③ 緊張型頭痛は痛みの程度によって段階的に薬の投与を増やしていかなければならない。

④ 緊張型頭痛の最も良い治療法は、同じ姿勢を維持せず、ストレッチをすることである。

正解 ④

「緊張型頭痛」が文章中で繰り返されていて、A でこの症状を改善するための方法を提示し、★で「薬に依存するより、先に提示した方法に焦点を当てて生活習慣を改善しようと努力しなければならない。」と述べている。ここで「先に提示した方法」は A に該当するので、正解は④である。

単語　□심하다 ひどい　□통증 痛み　□근육 筋肉
　　　□경직되다 硬直する　□완벽하다 完璧だ　□약물 薬物
　　　□의존하다 依存する

※問題45は問題49と同じタイプ・レベルの問題のため、p.195の問題49のポイントを参考にしてください。

問題46−47

問題46は適切な箇所に〈例〉の文を入れる問題、問題47は文章の内容と一致するもの選ぶ問題です。

〈問題46〉

問題39−41と同じ〈タイプ④〉のため、以下のような戦略を使うことができます。しかし、問題46は問題39−41と同じ説明文ですが、語彙、文法表現のレベルが高く、文章も長いため、一文一文を丁寧に理解していくよりも、全体的な流れを把握しなければなりません。

▶ 〈例〉の文の内容を先に把握する。
▶ 文章で〈例〉の文の主語が言及されているところを探す。

〈問題47〉

問題20、24、32−34、43と同じ〈タイプ③〉のため、以下のような戦略を使うことができます。しかし、問題24、43とは文章の種類が異なり、問題20、32−34とは文章の種類は同じですが、文章が長くてレベルも高く、他の問題とともに解かなければならない問題です。また、文章中に空欄もあるため、難易度が高くなっています。

▶ 文章の大まかな内容を素早く把握する。
▶ 選択肢の文の内容を提示されている文章から探す。

〈例題〉

[46-47] 다음을 읽고 물음에 답하십시오.

1인 미디어 시대가 되면서 개인 방송을 이용한 새로운 시장 형태가 등장해 주목받고 있다. 이 시장은 SNS를 통해 제품이 유통되고 판매된다는 특징이 있다. (㉠) 대표적인 판매 방식은 1인 미디어 운영자가 방송 중에 특정 물건을 의도적으로 노출하여 구매를 유도하는 것이다. 이때 관심이 생긴 시청자는 그 운영자에게서 물건을 산다. (㉡) SNS 계정만 있으면 누구든지 판매를 시작할 수 있으며 제품 홍보부터 구매까지 모든 과정이 SNS상에서 이루어진다. (㉢) 덕분에 초기 사업 비용이 거의 들지 않는다는 장점이 있다. (㉣) 하지만 개별 사업자의 수가 무한하게 늘 수 있기 때문에 향후 경제 변화를 이끌 핵심 시장으로의 성장이 예상된다.

46. 위 글에서 〈보기〉의 글이 들어가기에 가장 알맞은 곳을 고르십시오.

┌─ 보기 ─┐

이와 같은 시장 형태가 전체 소비 시장에 미치는 영향력은 아직 미미하다.

① ㉠   ② ㉡   ③ ㉢   ④ ㉣

47. 위 글의 내용과 같은 것을 고르십시오.

① 1인 미디어 운영자는 이 시장의 운영에 참여할 수 없다.
② 이 시장의 운영자들은 시장 경제에 부정적인 영향을 미친다.
③ 1인 미디어 시청자는 방송을 보다가 제품을 구매할 수 있다.
④ 이 시장을 처음 시작할 때는 충분한 자본 투자가 필수적이다.

〈64회 TOPIK Ⅱ 읽기 기출문제〉

訳

【46−47】 次を読んで、問題に答えなさい。

　個人メディア時代になり、個人放送を利用した新しい市場形態が登場し、注目されている。この市場はSNSを通じて商品が流通、販売されるという特徴がある。（　㋐　）代表的な販売形態は、個人メディアの運営者が放送中に特定の品物を意図的に露出し、購入へと誘導することである。この時、興味を持った視聴者はその運営者から商品を買う。（　㋑　）SNSアカウントさえあれば誰でも販売を始めることができ、商品の広告から購入まですべての過程がSNS上で行われる。（　㋒　）おかげで初期事業費用がほとんどかからないというメリットがある。（　㋓　）しかし、個別事業者の数が無限に増える可能性があるため、今後の経済の変化を導く中心的な市場へと成長することが予想される。

46. 上の文章で〈例〉の文が入るのに最も適切な箇所を選びなさい。

> **例**
>
> 　このような市場形態が消費市場の全体に及ぼす影響力はまだ微々たるものである。

① ㋐　　② ㋑　　③ ㋒　　④ ㋓

47. 上の文章の内容と一致するものを選びなさい。

① 個人メディアの運営者はこの市場の運営に参加できない。
② この市場の運営者は、市場経済に悪影響を及ぼす。
③ 個人メディアの視聴者は、放送を見て商品を購入することができる。
④ この市場を始めるときは、十分な資本投資が不可欠である。

〈64回 TOPIK Ⅱ 読解 過去問〉

46.

▶ **〈例〉の文の内容を先に把握する。**

「このような市場形態が〜」のような内容が出てきたので、先行文に「市場形態」に関する説明がなければならない。また、文の主語と述語は「市場形態の影響力が微々たるものである」となっているため、言及された市場形態について、多少否定的な内容が入る箇所を探す。

▶ **文章で〈例〉の文の主語が言及されているところを探す。**

④の㉣の場合、後ろの文が하지만（しかし）で始まり、成長の可能性という肯定的な内容を述べているので、㉣にその反対の意味の否定的な現実という内容が入るのが適切である。よって、正解は④となる。

間違いノート

① ㉠の前には市場形態の特徴が言及されているが、㉠に〈例〉の「微々たる影響力」という否定的な内容が突然入ると流れがぎこちなくなる。

②・③ ②の㉡の前、③の㉢の前後は新しい市場形態における販売方法、長所についての説明なので、〈例〉の否定的な見通しの内容の文は全体の話の流れと合わない。

47.

解答・解説

▶ **文章の大まかな内容を素早く把握する。**

この文章は「個人メディアを利用した新しい市場形態」に関する内容でSNSを通じて形成される新しい市場形態の特徴を並べており、最後には今後の成長の可能性を予想している。

▶ **選択肢の文の内容を提示されている文章から探す。**

「放送を見て、商品が購入できる」という選択肢の文と文章中の「放送中に〜興味を持った視聴者はその運営者から商品を買う。」という内容が一致するため、正解は③である。

間違いノート

① 文章に「個人メディアの運営者が購入へと誘導する」という説明があるため、答えではない。

② 最後の文に「経済の変化を導く中心的な市場へと成長することが予想される」という内容はあるが、市場の運営者が市場経済に悪影響を及ぼすというような内容は述べられていない。

④ 文章中に「初期事業費用がほとんどかからないというメリットがある。」とあり、十分な資本投資が不可欠だという内容とは異なる。

単語　□등장하다 登場する　□주목받다 注目される
　　　□유통되다 流通する　□의도적 意図的　□유도하다 誘導する
　　　□홍보 広告　□향후 今後　□미미하다 微々たる

練習問題

問題46

[1-2] 다음 글에서 〈보기〉의 문장이 들어가기에 가장 알맞은 곳을 고르십시오.

1.

> 리플리 증후군은 현실을 부정하면서 자신이 만든 허구를 진실이라고 믿고 거짓말과 거짓행동을 반복하는 반사회적 인격 장애를 말한다. (㉠) 리플리 증후군의 이름은 미국 소설 〈재능 있는 리플리 씨〉에서 이름이 유래되었다. 전문가들은 이러한 리플리 증후군의 원인이 정확하게 밝혀지지 않았지만 허언증과 관련이 있다고 본다. (㉡) 리플리증후군 환자들은 자신에게 결여된 것에 대한 콤플렉스에서 출발해서 거짓으로 다른 사람의 신분을 사칭하게 된다. (㉢) 그 거짓말에서 위안을 느끼며 사실과 자신의 거짓말, 가상 세계와의 차이를 인식하지 못한다. (㉣)

┤보기├

> 다시 말하면 현실과 욕망의 차이를 거짓말로 극복하면서 그 거짓말을 사실로 믿어버리는 증상이다.

① ㉠　② ㉡　③ ㉢　④ ㉣

2.

> 현대 사회에서 가족의 의미는 과거와 다르다. (㉠) 과거에 많은 사람들은 가족이 결혼과 양육으로 형성되며 한곳에 함께 살아야 한다고 생각했다. (㉡) 멀리 떨어져 사는 가족, 한부모 가족, 동거, 위탁 가정, 동성애 가족 등을 정상 가족의 형태로 바라보는 이들이 많아지고 있다. (㉢) 다양하게 나타나고 있는 가족의 양상은 사회적으로도 이슈가 되고 있다. 그 중에서도 1인 가족과 동성 가족 유형이다. (㉣) 특히 동성 가족의 경우 사회적 편견이 심화되어 있으며 사회적으로 소외되어 있다. 그러나 사회적 찬반 문제이기 때문에 가족을 형성할 수 없어서 법적인 보호를 받지 못하는 현실이다.

問題 47

[1-2] 이 글의 내용과 같은 것을 고르십시오.

1.

> 　최근 우리 사회에서 수술실에 CCTV를 설치하여 의사가 환자에게 수술을 하는 장면을 촬영하여 수술 내용에 대한 영상 증거 등을 남기도록 의무화하자는 주장이 이슈가 되고 있다. (㉠) CCTV 설치에 찬성하는 입장에서는 대리 수술 문제, 환자 성폭행 범죄, 의료 사고시 소송의 어려움 등을 해결하기 위해서 주장하고 있다. (㉡) 반면 반대 측에서는 수술 중 의료진의 심리적 부담감 증가, 직업 자율성 침해, 환자의 프라이버시 침해 등을 이유로 반대하고 있다. (㉢) CCTV 설치를 원하는 환자들이 증가하자 일부 병원들은 CCTV를 스스로 설치하고 이를 병원 홍보 수단으로 삼았다. (㉣) 앞으로 수술실 내 CCTV 의무화와 관련하여 어떤 결론이 날지 많은 관심이 모아지고 있다.

① 수술실 내 CCTV 의무화에 대해 모두 반대한다.

② 수술실 내 CCTV 설치를 원하는 환자들이 줄어들고 있다.

③ CCTV를 수술실에 설치하면 대리 수술 문제를 해결할 수 있다.

④ CCTV를 수술실에 설치하면 의료진의 심리적 부담감이 줄어들 수 있다.

2.

관성의 법칙은 자신의 상태를 유지하려고 하는 성질을 말한다. 즉, 가만히 있는 물체는 계속해서 가만히 있으려고 하고, 움직이는 물체는 계속해서 움직이려고 하는 성질이다. 그래서 가만히 있는 물체를 움직이려면 힘이 많이 필요하고 움직이고 있는 물체를 정지시키려면 더 큰 힘이 필요하다. (㉠) 이러한 관성의 법칙은 물체에만 한정하여 적용되는 법칙이 아니다. 우리의 생활 습관, 심리 상태, 시장에서도 적용될 수 있는 규칙이다. (㉡) 예를 들어 정신이 또렷하지 않은 아침에 무의식적으로 이불을 개는데 이는 어떤 상태라도 운동을 지속하려는 관성의 법칙과 관련되어 있다. 심리 상태도 마찬가지로 적용되는 규칙인데 긍정적인 생각을 반복적으로 주입시키는 것이 좋다고 한다. (㉢) 뇌과학자들은 긍정적인 생각을 반복적으로 주입시키면 뇌를 속이는 행동을 통해 즐거운 상태를 유지할 수 있다고 한다. (㉣) 또 이런 행동이 성공과 연결된다고 주장한다.

① 관성의 법칙은 물체에만 적용되는 법칙이다.
② 관성의 법칙은 긍정적인 생각을 하면 성공한다는 법칙이다.
③ 움직이는 물체가 멈추려고 하는 것은 관성의 법칙의 한 현상이다.
④ 긍정적인 생각을 주입시켜서 즐거운 상태를 유지하는 것은 관성의 법칙을 활용한 것이다.

問題46

[1-2] 次の文章で〈例〉の文が入るのに最も適切な箇所を選びなさい。

1.

　リプリー症候群は現実を否定しながら自分が作った虚構を真実だと信じ込んで嘘と虚偽の行動を繰り返す反社会的なパーソナリティ障害をいう。（　㋐　）リプリー症候群の名前はアメリカの小説『才能のあるリプリー氏』に由来している。専門家らは、このようなリプリー症候群の原因が正確には明らかになっていないが、虚言症と関連があると見ている。（　㋑　）リプリー症候群の患者は、自分に欠けているものに対するコンプレックスから出発し、偽って他人の身分を詐称することになる。（　㋒　）その嘘に慰めを感じ、事実と自分の嘘、仮想世界との違いが認識できない。（　㋓　）

例

言い換えれば、現実と欲望の差を嘘で克服し、その嘘を事実と信じてしまう症状である。

---

① ㋐　　② ㋑　　③ ㋒　　④ ㋓

正解 ①

〈例〉はリプリー症候群の症状を説明している。冒頭の「言い換えれば」から、〈例〉の前にある文にはリプリー症候群の症状に関する大まかな内容が述べられていることが推測できる。㋐の前にリプリー症候群について大まかな説明があるので、正解は①である。

単語　□부정　否定　□허구　虚構　□인격　人格　□유래　由来
　　　□허언증　虚言症　□결여　欠如　□사칭하다　詐称する
　　　□위안　慰め

2.

　現代社会における家族の意味は過去とは異なる。（　㉠　）過去に多くの人々は、家族が結婚と養育によって形成され、同じ場所で一緒に生活しなければならないと考えた。（　㉡　）遠く離れて暮らす家族、ひとり親の家族、同棲、里親委託家庭、同性カップルの家族などを普通の家族の形と考える人が多くなっている。（　㉢　）多様に現れている家族の様相は社会問題になっている。中でもひとり家族と同性カップルの家族のタイプだ。（　㉣　）特に同性カップルの家族の場合、社会的偏見が深刻化していて、社会的に疎外されている。だが、社会的に賛否の分かれる問題であるため、家族を形成することができず、法的保護を受けられないという現状である。

|例|
| しかし、現代社会では家族のタイプが拡大されている。 |
---

① ㉠　　② ㉡　　③ ㉢　　④ ㉣

正解 ②

〈例〉は現代社会で家族のタイプが拡大しているという内容である。接続語 하지만（しかし）で始まることから、すぐ前の文では現代社会の状況と反対の内容が出てくることがわかる。㉡の前で過去の家族についての考え方を示す内容が出てきており、㉡の後に多様な家族のタイプについての内容が出てくるので正解は②である。

単語　□양육 養育　□형성되다 形成される　□동거 同棲　□위탁 委託
　　　□동성애 同性愛　□정상 正常　□편견 偏見　□찬반 賛否

問題47

[1-2] この文章の内容と一致するものを選びなさい。

1.

　最近、韓国社会で手術室にCCTV（防犯カメラ）を設置し、医師が患者に手術をしている場面を撮影し、手術内容に関する映像の証拠などを残すよう義務化しようという主張が話題となっている。（　㋐　）A CCTVの設置に賛成する立場では★代理手術問題、患者への性的暴行犯罪、医療事故の際の訴訟の困難さなどを解決するために主張している。（　㋑　）一方、C 反対の側では手術中の医療スタッフの心理的負担感の増加、職業自律性の侵害、患者のプライバシー侵害などを理由に反対している。（　㋒　）B CCTV設置を希望する患者が増加するや（否や）、一部の病院はCCTVを自ら設置し、これを病院の広報の手段にした。（　㋓　）今後、手術室内のCCTVの義務化と関連してどのような結論が出るか、関心が高まっている。

① 手術室内のCCTVの義務化に対して皆反対している。
② 手術室内のCCTVの設置を希望する患者が減っている。
③ CCTVを手術室に設置すれば、代理手術問題を解決することができる。
④ CCTVを手術室に設置すれば、医療スタッフの心理的負担を軽減できる。

正解 ③
① 手術室内のCCTVの義務化に対して皆反対している。
→ A 手術室内のCCTV義務化に賛成する立場もある。
② 手術室内のCCTVの設置を希望する患者が減っている。
→ B 手術室内にCCTV設置を希望する患者が増加している。
③ CCTVを手術室に設置すれば、代理手術問題を解決することができる。
→ ★正解
④ CCTVを手術室に設置すると、医療スタッフの心理的負担を軽減できる。
→ C CCTVを手術室に設置すると、医療スタッフの心理的負担が大きくなる。

2.

　慣性の法則とは、自身の状態を維持しようとする性質をいう。すなわち、じっとしている物体はずっとじっとしていようとし、C 動いている物体は動き続けようとする性質である。そのため、じっとしている物体を動かすには力がたくさん必要で、動いている物体を停止させるにはさらに大きな力が必要だ。（　⑦　）このような慣性の法則は物体だけに限定して適用される法則ではない。A 私たちの生活習慣、心理状態、市場でも適用できる規則である。（　○　）例えば、意識がはっきりしていない朝に無意識に布団を畳むが、これはどんな状態でも運動を続けようとする慣性の法則と関連している。心理状態も同様に適用される規則だが、肯定的な考えを繰り返し注入させる方がよいという。（　©　）★脳科学者は肯定的な考えを繰り返し注入させると、脳を騙す行動を通じて楽しい状態を維持できるという。（　②　）B また、このような行動が成功につながると主張する。

① 慣性の法則は物体にのみ適用される法則である。
② 慣性の法則は肯定的な考えをすれば成功するという法則である。
③ 動いている物体が止まろうとするのは慣性の法則の現象の一つである。
④ 肯定的な考えを注入して楽しい状態を維持することは慣性の法則を活用したことである。

正解 ④

① 慣性の法則は物体にのみ適用される法則である。

→ **A** 慣性の法則は生活習慣、心理状態、市場でも適用できる規則である。

② 慣性の法則は肯定的な考えをすれば成功するという法則である。

→ **B** うまく活用すれば成功につながるが、慣性の法則そのものが成功と関連した法則ではない。

③ 動いている物体が止まろうとするのは慣性の法則の現象の一つである。

→ **C** 動いている物体が動き続けようとする性質が慣性の法則の現象の一つである。

④ 肯定的な考えを注入して楽しい状態を維持することは慣性の法則を活用したことである。

→ ★正解

単語　□관성 慣性　□유지 維持　□가만히 じっと　□정지 停止
　　　□한정 限定　□적용 適用　□무의식적 無意識的
　　　□주입시키다 注入させる

問題48-50

問題の種類・ポイント

問題48は文章を書いた目的として適切なものを選ぶ問題、**問題49**（*45）は空欄に適切な内容を入れる問題、**問題50**は下線部の人物の態度を選ぶ問題です。

（*問題45は問題49と同じタイプ・レベルの問題のため、問題49のポイントを参考にしてください。）

〈問題48〉

問題22と同じ〈タイプ⑦〉のため、以下のような戦略を使うことができます。しかし、問題22より文章が長く、高いレベルの語彙、文法表現、内容で構成されています。

▶ **文章の前半部を素早く読んで内容を把握する。**
冒頭の文だけではなく、前半部分を素早く読んで主題語と導入部分を把握する練習が必要です。その後、文章の最後の文を読み、筆者の目的を推測するのがよいでしょう。

▶ **冒頭の文の内容を念頭に置きながら最後の文を読んで、文章の目的を推測する。**
問題22で言及したように、「したがって、しかし」のような接続語で始まる場合が多いですが、このような接続語の後に筆者の目的が明確に現れます。

〈問題49〉

問題16-18、28-31と同じ〈タイプ⑤〉のため、以下のような戦略を使うことができます。

195

▶ 冒頭の文から文章の内容を推測する。

▶ 空欄のある文と前後の文の流れを把握する。

▶ 選択肢の語句を丁寧に確認する。

「空欄に適切な内容を入れる1、2」と同様、冒頭の文から文章のキーワードを把握した後、接続語に留意して文章を読みながら全体的な流れを理解しなければなりません。

〈問題50〉

人物の心情や態度を選ぶ〈タイプ⑧〉の問題です。

▶ 選択肢を読んで意味を把握する。（表現リスト p.226参照）
　問題50の選択肢にはよく出題される表現があり、これらをあらかじめ学習しておけば効率的に問題を解くことができます。特に選択肢に出てきた述語を丁寧に読んで理解しましょう。

▶ 下線部に表れている人物の態度を把握する。
　文章が言おうとしていることと、下線部に表れている筆者の態度が一致する場合とそうでない場合があります。したがって、文章の全体的な内容を把握しながら、下線部に集中して筆者の態度を把握しなければなりません。

〈例 題〉

> **[48－50]** 다음을 읽고 물음에 답하십시오.
>
> 　올해 '자치경찰제'가 전국으로 확대될 예정이다. 자치경찰제는 지방자치단체가 경찰의 운영 및 관리를 담당하도록 하는 제도를 말한다. 이 제도가 실시되면 경찰이 지역 주민의 삶에 밀착돼 지역 특성에 맞는 다양한 서비스를 주민들에게 제공할 수 있을 것으로 보인다. 그러나 제도적 취약점과 예측되는 부작용이 있을 수 있다. 무엇보다 현장에서의 혼선이 예상된다.

제도에 따르면 자치경찰은 교통사고나 가정 폭력 조사 등 생활 안전 부분을 담당하고 국가 보안이나 전국 단위의 수사는 지금처럼 국가경찰이 맡는다. 이처럼 경찰 조직이 이중 구조일 때 어려움을 겪는 것은 국민이 될 수 있다. 영역 구분이 애매한 사건이 발생하면 자치경찰과 국가경찰이 함께 출동하거나 사건을 서로 떠넘기다가 신속하고 치밀한 대응이 이뤄지지 않을 수 있기 때문이다. (   ) 치안의 질이 떨어진다면 새 제도의 시행 의의가 퇴색될 수 있을 것이다.

48. 글을 쓴 목적으로 알맞은 것을 고르십시오.

① 제도 확대 시행의 의의를 강조하기 위해서
② 제도 시행의 구체적 방안을 제시하기 위해서
③ 제도의 취지와 주민 요구의 차이를 설명하기 위해서
④ 제도 시행 후 생길 수 있는 문제를 지적하기 위해서

49. (   )에 들어갈 내용으로 가장 알맞은 것을 고르십시오.

① 경찰들의 업무 과다로
② 업무의 충돌과 혼선으로
③ 자치경찰의 배치 감소로
④ 제도의 단계적 시행으로

50. 밑줄 친 부분에 나타난 필자의 태도로 알맞은 것을 고르십시오.

① 자치경찰과 지역 주민의 관계 변화에 대해 예상하고 있다.
② 자치경찰제가 주민에게 미칠 긍정적 영향을 기대하고 있다.
③ 자치경찰제가 제공해야 할 서비스의 조건을 강조하고 있다.
④ 지역 친화적 서비스가 특정 지역에 쏠릴 것을 우려하고 있다.

〈64회 TOPIK Ⅱ 읽기 기출문제〉

訳

[48-50] 次を読んで、問題に答えなさい。

　今年「自治警察制」が全国に拡大する予定である。自治警察制とは、地方自治体が警察の運営および管理を担当できるようにする制度をいう。<u>この制度が実施されれば、警察が地域住民の暮らしに密着し、地域の特性に合った多様なサービスを住民に提供できると見込まれている。</u>しかし、制度的弱点と予測される副作用がありうる。何より現場での混乱が予想される。制度によると、自治警察は交通事故や家庭内暴力の調査などの生活安全の部分を担当し、国家保安や全国レベルの捜査は今のように国家警察が担当する。このように警察組織が二重構造である場合、困難に直面するのは国民になる可能性がある。（担当する）領域の区分が曖昧な事件が発生すれば、自治警察と国家警察が一緒に出動したり、事件を互いに押し付けて迅速かつ緻密な対応が行われない可能性があるためだ。（　　　　）治安の質が低下すれば、新制度施行の意義が色あせかねない。

48. 文章を書いた目的として適切なものを選びなさい。

① 制度拡大施行の意義を強調するため
② 制度施行の具体的な方策を提示するため
③ 制度の趣旨と住民のニーズの違いを説明するため
④ 制度施行後に起こりうる問題を指摘するため

49. （　　　　）に入る内容として最も適切なものを選びなさい。

① 警察の業務過多で
② 業務の衝突と混乱で
③ 自治警察の配置減少で
④ 制度の段階的な施行で

50. 下線を引いた部分に表れている筆者の態度として適切なものを選びなさい。

① 自治警察と地域住民の関係の変化について予想している。
② 自治警察制が住民に及ぼす肯定的な影響を期待している。
③ 自治警察制が提供すべきサービスの条件を強調している。
④ 地域密着型サービスが特定の地域に偏ることを懸念している。

〈64回TOPIK Ⅱ 読解 過去問〉

48.

解答・解説

▶ **文章の前半部を素早く読んで内容を把握する。**

この文章は今年拡大する予定の「自治警察制」に関する内容である。前半部で「自治警察制」に関する説明、メリット及びデメリット、起こりうる問題について言及していることがわかる。

▶ **冒頭の文の内容を念頭に置きながら最後の文を読んで文章の目的を推測する。**

最後の文は「治安の質が低下すれば、新制度施行の意義が色あせかねない」という内容。ここから、新しく始まる「自治警察制」を施行する時に生じる問題に言及することが目的であると考えられる。よって、「問題を指摘するため」という内容の④が正解である。

間違いノート

① 意義は提示されているが、この文章の目的は意義を強調するより、接続語 그러나（しかし）で始まる4文目以降に書かれている副作用を指摘することである。
② 制度による組織体系が提示されているだけで、具体的な方策は提示されていない。
③ 住民のニーズは提示されていないため、答えにならない。

49.

解答・解説

▶ **接続語に留意して文章の流れを把握する。**

文章の前半部分では「自治警察制」に対する肯定的な意見が提示されているが、그러나（しかし）を基点に筆者が予想する制度の限界点が提示されている。

▶ **空欄のある文と前後の文の流れを把握する。**

空欄のある文で、何かによって治安が低下してしまったら、この制度が色あせかねないと述べられているため、自治警察制を失敗させる要因が空欄に入らなければならないことがわかる。また、空欄の前の部分で自治警察と国家警察の領域の区分が曖昧になることを心配する内容が繰り返されているため、正解は②である。

間違いノート

① 警察に過度な仕事が与えられたという内容はないため、正解ではない。

③ この文章は自治警察制の今後の拡大計画に関する内容であるため、誤答である。

④ 文章中に制度が段階的に施行されるという内容はないため、誤答である。

50.

解答・解説

▶ **選択肢を読んで意味を把握する。**

人物の態度を選ぶ問題の選択肢は文末に「予想する、期待する、強調する、評価する、憂慮する、批判する、感嘆する」などのような筆者の態度がわかる語彙が出てくるため、これに留意して読まなければならない。

▶ **下線部に表れている人物の態度を把握する。**

文章の前半部で自治警察制が拡大すると説明した後、下線部ではこの制度が実施されると住民に多様なサービスが提供されると述べている。したがって、制度の肯定的な影響を期待するという②が正解である。

間違いノート

① · ③ 文章中に自治警察制による住民との関係変化、提供されるサービ
　　　 ス条件などは言及されていないため、誤答である。

④ 下線部では筆者が自治警察制を肯定的に捉えているので正解ではない。

単語 　□確大되다 拡大する　□운영 運営　□제도 制度
　　　 □실시되다 実施される　□취약점 弱点　□부작용 副作用
　　　 □폭력 暴力　□보안 保安　□조직 組織　□이중 二重
　　　 □영역 領域　□애매하다 曖昧だ　□떠넘기다 押し付ける
　　　 □신속하다 迅速だ　□치밀하다 緻密だ　□대응 対応
　　　 □치안 治安　□의의 意義　□퇴색되다 色あせる

問題 48

[1-2] 다음의 글을 쓴 목적을 고르십시오.

1.

청년 구직활동 지원금이란 만 18세 이상에서 만 34세 미만의 청년들에게 구직활동에 쓰이는 비용을 지원해주는 정책 사업이다. 고용노동부 주관으로 최대 6개월의 기간 동안 매달 50만 원씩 청년들에게 지원된다. 이러한 청년 구직활동 지원금의 자격의 기준이 올해 7월부터 완화될 것이다. 하나의 유형으로 통합되었는데 이는 고용 완화를 생각한 결과이다. 먼저 7월 1일부터 34세 이하 청년들의 가구 단위 재산이 3억 원에서 4억 원까지 확대된다. 9월부터는 가구당 중위소득을 50%에서 60%까지 늘릴 예정이다. 뿐만 아니라 취업 경험 요건을 청년에게 폐지할 계획이다. 작년에는 청년 구직활동 지원금 신청 자격이 되지 않았던 사람들도 올해부터 변경된 사항들에 따라 지원이 가능하기 때문에 경쟁률이 늘어날 전망이다.

① 청년 구직활동 지원의 경쟁률을 확인하기 위해
② 청년 구직활동 지원으로 인한 문제점을 분석하기 위해
③ 청년 구직활동 지원금의 지원 자격 완화를 알리기 위해
④ 청년 구직활동 지원으로 인해 예상되는 이익을 설명하기 위해

2.

TV 끄기 운동은 2000년대 중반부터 시작된 운동으로 TV를 끄고 지내는 경험을 통하여 자신과 가족의 삶을 돌아보고 그동안 얼마나 많은 미디어에 길들여진 채 살아가고 있는지를 깨닫고 성찰해 보는 기회를 가질 수 있는 활동이다. 한국에서는 2005년에 80여 가족이 4일 동안 TV 끄기 활동에 성공했다. 이후 일주일 간의 TV 끄기에 성공한 가정 중에서 여러 가정이 한 달 혹은 6개월 이상 TV 끄기를 실천했다. 이 운동이 끝나고 일부 가정은 TV를 없애기도 하였다. TV 끄기 운동은 TV 시청의 문제점에서 시작되었다. TV 시청은 우선 시력 저하와 비만의 원인이 된다. 게다가 폭력적인 장면에 지속적으로 노출이 되면 폭력에 대한 간접 학습이 이루어지게 된다. 뿐만 아니라 수

많은 광고들을 통해서 나쁜 소비 습관에 길들여지며 과소비를 하게 될 가능성이 크다. 이는 아이들에게는 더 나쁜 영향을 줄 수 있다. 누구나 TV 의 장점으로 생각하는 새로운 정보의 획득은 오히려 정보를 수동적으로 받아들이는 습관을 들이게 되어서 아이들의 능동적인 탐구 활동과 창의적인 사고를 가로막을 수 있다. TV 끄기 운동은 현대인의 지나친 TV 시청에 대해 경고의 메시지를 주는 것과 동시에 TV 시청의 문제점을 깨닫게 해 주는 역할을 하고 있다.

① TV 끄기 운동의 단점을 강조하기 위해
② TV 끄기 운동의 방법을 설명하기 위해
③ TV 끄기 운동이 시작된 배경을 밝히기 위해
④ 여러 나라의 TV 쓰기 운동을 비교하기 위해

問題49 (45)

[1-2] 다음을 읽고 (   ) 안에 들어갈 내용으로 가장 알맞은 것을 고르십시오.

1.

국내 쓰레기 매립지 부족 현상에 대한 심각도가 나날이 가중되고 있다. 이에 따라 카페의 플라스틱 빨대, 호텔 어메니티가 사라지고 식품 배송 업체의 이중포장에 대한 규제를 강화하는 등 환경보호를 위한 제도가 마련되고 있으나 가시적인 효과가 나타는 데는 역부족이라는 평이 이어져 심히 우려되는 상황이다.

특히 수도권은 향후 5 년 안에 대다수의 매립지 수명이 다할 것으로 보여 쓰레기와의 본격적인 사투가 예측되고 있다. 이마저도 수도권이 아닌 제 3 지역에서 새로운 매립지를 설립하는 것을 전제로 현 매립지운영 기간을 늘린 것인데 아직까지 매립지 확보는 고사하고 해당 사안을 둘러싼 각 부처 간의 예산 조율조차 이루어지지 않은 실정이다. 이는 각 지자체가 쓰레기 매립지 부족 현상에 대한 책임을 서로에게 떠넘기고 있기 때문이다. 또한 어느 지역에서도 (   ) 곳이 없어 수도권 쓰레기 처리에 대한 계획이 전혀 마련되지 않은 실정이다.

당장 5년 후의 쓰레기 처리를 어떻게 해야 할지에 대한 논의가 매우 시급한 현황에서 각 지자체는 이기심을 내려놓고 현실적인 대안책을 마련해야 할 것이다.

① 환경 보호를 실천하겠다는
② 쓰레기 배출량을 줄이겠다는
③ 매립지 축소 공사를 하겠다는
④ 쓰레기 매립지를 설립하겠다는

2.

꽁꽁 얼어붙은 취업 시장에 골머리를 앓는 취업 준비생들의 고민이 늘어날 전망이다. 반세기 이상 유지되어 온 채용 방식에 큰 변화가 불고 있다. 소위 대기업이라 불리는 다수의 회사에서는 그동안 공개 채용 방식을 취하여 대규모로 인재를 선별하였으나 올해부터는 상시 채용, 또는 수시 채용으로 전환할 예정이다.

이미 일부 기업에서 채용 방식 전환에 박차를 가하고 있으며 아직 공개 채용을 유지하는 기업 역시 1년 이내에 상시 채용 비율을 70% 이상으로 늘릴 전망이다. 매년 비슷한 시기에 채용이 이루어지는 공개채용과 달리 그때그때 필요한 인력만을 모집하는 상시 채용의 경우, 취업 준비생들이 기업의 채용 일정을 미리 알 수 없다는 점과 경력직이 우선으로 채용된다는 점에서 취업문이 더욱 좁아지고 있다.

그러나 기업의 입장에서는 막대한 비용을 들여 수천 명씩 뽑는 그간의 채용 방식을 수시 채용으로 전환하면 경제적인 측면에서 회사에 (   ) 각 부서에서 필요한 인재만을 뽑아 채용의 효율성을 높일 수 있다. 이처럼 양측의 입장이 판이한 상황에서 취업 시장이 안정되기까지 여러 난관에 부딪힐 것으로 예상된다.

① 큰 기여가 될 뿐만 아니라
② 손해가 발생할 뿐만 아니라
③ 예측 불가능한 상황이 발생할 뿐만 아니라
④ 안정적인 수익 구조가 생길 뿐만 아니라

問題50

[1–2] 밑줄 친 부분에 나타난 필자의 태도로 알맞은 것을 고르십시오.

1.

> 저녁에 주문하면 새벽에 배송을 온다는 신개념 배송 서비스로 소비자의 주목을 끈 국내 스타트업 기업이 큰 호응을 얻으면서 대형마트는 물론 편의점에서 홈쇼핑에 이르기까지 다양한 분야의 '새벽 배송' 경쟁이 시작되었다.
>
> 현대인의 바쁜 생활 패턴에 맞추어 변형된 새벽 배송 시스템은 집에서 클릭 한번으로 시간과 노동 에너지를 절약할 수 있다는 점을 무기로 단숨에 소비자를 사로잡았다. 이에 따라 국내유통 업계 신선식품 배송 경쟁을 시작으로 각계의 기업들이 얼마만큼 빨리 소비자에게 상품을 전달할 수 있는가에 열을 올리고 있다. 그러나 국내 농축수산물 온라인 거래 총액이 2조가 넘어간 현시점에서 무작정 빠르게만 배송하는 시스템은 과연 문제점이 없는 것일까.
>
> 무엇보다 새벽 배송의 이면으로 지적을 받는 것은 택배 기사의 업무 강도이다. 배송 속도와 비례하여 택배 기사의 고충 역시 급속도로 늘고 있다. 단순히 물건을 전달하는 데에서 그치지 않고 '고객 맞춤형' 서비스가 부상하며 배송 전 알림 메시지 발송, 부재 시 택배 배송 장소 고지 등 속도와 세세함을 고루 충족시켜야 하는 실정이다. <u>뿐만 아니라 과도한 업무 할당량으로 노동 강도까지 더 해지는 지금 상황에서 어디까지 속도를 유지해야 하는가를 심히 고심해 봐야 할 것이다.</u>

① 스타트업 기업에서 시작된 새벽 배송 시스템의 확산 속도에 감탄하고 있다.
② 국내 농축수산물 온라인 시장의 확대와 안정성 보장을 강력히 요구하고 있다.
③ 빠른 배송과 더불어 가격 경쟁력까지 갖춘 배송 시스템을 높이 평가하고 있다.
④ 새벽 배송 보급으로 야기된 택배 업무의 과부하 및 과열된 경쟁을 우려하고 있다.

2.

> 　최근 패스트푸드점에서 주문을 받는 점원들의 모습이 사라졌다. 패스트푸드점 뿐만 아니라 편의점, 마트에서도 디지털 무인화 시스템을 도입하여 면대면 접객을 하던 대부분의 점원들이 그 모습을 감췄다. 그 결과 정보 취약 계층의 노인들이 햄버거 하나 사 먹지 못하고 돌아서야 하는 일이 발생하기에 이르렀다.
>
> 　무인 주문 기기의 도입으로 서비스를 제공하는 사측은 인건비를 절감하고 소비자는 간편하게 주문할 수 있다는 점이 대두되며 4차 산업 혁명이 시작되는 듯 보였다. 그러나 새로운 디지털 기술에 대한 접근성은 일상생활에서 이를 두루 활용하는 젊은 층에게 한정되어 노인을 비롯한 사회적 소외 계층에게 정보격차가 가중된다는 지적이 늘고 있다. 다시 말해 디지털 무인화 시스템 및 정보를 다룰 만한 환경은 갖추어졌으나 모든 대중이 이를 활용하기까지는 곱절의 노력과 시간이 필요하다는 뜻이다.
>
> 　정부는 정보격차를 점진적으로 감소시키기 위해 정보 교육을 확대하고자 노력하고 있으나 예산 편성등의 문제로 난항이 이어지는 실정이다. <u>그러나 이에 굴복하지 않고 무인기기 앞에서 물건 하나 구매하기 어려워 발길을 돌리는 사각지대의 암흑을 거두어 낼 불길이 필요하지 않을까.</u> 디지털 무인화의 명암, 무인화 시스템 보급에 발맞춰 필히 모든 계층이 새로운 시대를 맞이할 수 있도록 노력해야 할 것이다.

① 디지털 무인화 시스템의 도입 강화함에 따라 취업 시장이 얼어붙은 것을 비판하고 있다.

② 정보취약계층을 위해 패스트푸드점, 마트 등의 직원 채용을 늘리는 것을 우려하고 있다.

③ 새로운 디지털 기술에 익숙하지 않은 계층이 고루 정보 교육을 누릴 수 있도록 장려하고 있다.

④ 향후 정부에서 추진하고자 하는 정보취약계층 대상 정보화 교육을 부정적으로 평가하고 있다.

問題48

[1－2] 次の文章を書いた目的を選びなさい。

1.

　青年求職活動支援金とは、満18歳以上から満34歳未満の青年に求職活動に使われる費用を支援する政策事業である。雇用労働部が主管し、最大6ヵ月の期間中、毎月50万ウォンを若者に支援する。このような青年求職活動支援金の資格の基準が今年の7月から緩和される見込みである。一つのタイプに統合されているが、これは雇用の緩和を考えた結果である。まず、7月1日から34歳以下の若者の世帯単位の財産が3億ウォンから4億ウォンまで拡大される。9月からは1世帯当たりの所得の中央値を50%から60%まで増やす予定である。それだけでなく若者には就職経験の要件を廃止する計画である。昨年は青年求職活動支援金の申請資格に該当しなかった人も今年から変更される事項によって支援が可能になるため、競争率が増える見込みである。

① 青年求職活動支援の競争率を確認するため
② 青年求職活動支援による問題点を分析するため
③ 青年求職活動支援金の支援資格の緩和を知らせるため
④ 青年求職活動支援によって予想される利益を説明するため

正解 ③

文章の前半部から青年求職活動支援金に関する文章ということがわかる。3文目以降を読んでいくと、青年求職活動支援金の申請資格の変更、緩和に関する内容が確認できる。したがって、正解は③。

単語　□구직 求職　□지원 支援　□기준 基準　□완화 緩和
　　　□고용 雇用　□확대 拡大　□폐지 廃止　□변경 変更

2.

　テレビを消す運動は2000年代中盤から始まった（社会）運動で、テレビを消して過ごす経験を通じて、自分と家族の人生を振り返り、これまでどれほど多くのメディアに手なずけられて暮らしていたのかを自覚し、省察する機会を持つ活動である。韓国では2005年、約80世帯が4日間テレビを消す活動に成功した。その後、1週間の脱テレビに成功した家庭の中で、複数の家庭が1ヵ月または6ヵ月以上脱テレビを実践した。この運動が終わり、一部の家庭はテレビを処分した。テレビを消す運動は、テレビ視聴の問題点から始まった。テレビ視聴はまず視力低下と肥満の原因になる。そのうえ暴力的な場面に持続的にさらされると、暴力についての間接学習が行われることになる。それだけでなく、数多くの広告を通じて悪い消費習慣に慣らされ、過度な消費をすることになる可能性が高い。これは子供たちにはより悪影響を与えかねない。誰もがテレビの長所と考える新しい情報の獲得は、かえって情報を受動的に受け入れる習慣を身につけさせ、子供たちの能動的な探求活動と創造的な思考を遮ることもある。テレビを消す運動は、現代人の過度なテレビ視聴に対して警告のメッセージを与えると同時に、テレビ視聴の問題点を悟らせる役割を果たしている。

① テレビを消す運動のデメリットを強調するため
② テレビを消す運動の方法を説明するため
③ テレビを消す運動が始まった背景を明らかにするため
④ 各国のテレビを使う運動を比較するため

正解 ③
文章の前半部からテレビを消す運動に関する内容だということがわかる。
5文目以降を読んでいくと、テレビ視聴の問題点とその問題点を悟らせるため、テレビを消す運動が始まったことが示されている。

単語　□길들여지다 手なずけられる　□성찰하다 省察する
　　　□저하 低下　□노출 露出　□획득 獲得　□수동적 受動的
　　　□능동적 能動的　□가로막다 遮る

問題49 (45)

[1−2] 次を読んで（　　　）の中に入る内容として最も適切なものを選びなさい。

1.

　A 国内のゴミ埋立地の不足現象に関する深刻度が段々高まっている。このため、カフェのプラスチックストロー、ホテルのアメニティがなくなり、食品配送業者の二重包装に対する規制を強化するなど、環境保護のための制度が設けられているが、目に見える効果が表れるには力不足だという評価が相次ぎ、非常に心配されている状況である。

　B 特に首都圏は今後5年以内にほとんどの埋立地が寿命を迎えるものとみられ、ゴミとの本格的な死闘が予測されている。これすらも首都圏ではない第3の（他の）地域で新しい埋立地をつくることを前提として、現在の埋立地の運営期間を延ばしたものだが、今だに埋立地の確保どころか、該当事案を巡る各省庁間の予算調整さえ行われていないのが実情だ。B これは各自治体がゴミ埋立地の不足に関する責任を互いに押し付けているためである。また、C どの地域でも（　　　）自治体はなく、首都圏のゴミ処理に対する計画が全く設けられていないのが実情である。

　直ちに5年後のゴミ処理をどうすべきかについての議論が非常に急がれている中で、各自治体は C 利己心を捨て、現実的な代替案を講じなければならない。

① 環境保護を実践しようという
② ゴミの排出量を減らそうという
③ 埋立地の縮小工事を行おうという
④ ゴミ埋立地をつくろうという

正解 ④
A 国内のゴミ埋立地の不足が深刻な状況である。
B 特に首都圏が深刻な状況にある。各自治体はゴミ埋立地の不足に関する責任を押し付け合っている。

→ **C** どの地域でも（ゴミ埋立地をつくろうという）自治体がない。利己心を捨てて現実的な代替案を講じなければならない。

単語 　□**매립지** 埋立地　　□**규제** 規制　　□**수도권** 首都圏
　　　　□**예측하다** 予測する　　□**설립** 設立　　□**확보** 確保　　□**실정** 実情
　　　　□**건설** 建設

2.

　凍りついた就職市場に頭を悩ませている就活生の悩みが増える見込みである。半世紀以上維持されてきた採用方式に大きな変化が起きている。いわゆる大企業と呼ばれている多数の会社では**A**これまで公開採用方式で大規模に人材を選別してきたが、今年からは常時採用、または随時採用に切り替える予定である。

　すでに一部の企業で採用方式の転換に拍車をかけていて、まだ公開採用を維持している企業も同じく1年以内に常時採用の比率を70%以上に増やす見通しである。毎年同じ時期に採用が行われる公開採用とは異なり、その都度必要な人材だけを募集する**B**常時採用の場合、就活生が企業の採用スケジュールをあらかじめ知ることができない点と経験者が優先的に採用されるという点で就職の間口がより一層狭くなる。

　Cしかし、企業の立場では莫大な費用をかけて数千人を採用するこれまでの採用方式を**C**随時採用に転換すれば、経済的な側面で会社に（　　　　　　）各部署で必要な人材だけを選び、採用の効率性を高めることができる。このように双方の立場が異なる状況で就職市場が安定するまでさまざまな困難にぶつかると予想される。

① 大きな貢献になるだけでなく
② 損害が発生するだけでなく
③ 予測不可能な状況が発生するだけでなく
④ 安定的な収益構造が生じるだけでなく

A 公開採用から随時、常時採用に切り替える予定である。

B 企業の採用スケジュールの把握が難しく、就活生にはさらに負担になる。

→ C しかし、企業の立場からは随時採用に切り替えると、経済的な側面で（大きな貢献になるだけでなく）各部署で必要な人材だけを選んで採用し、効率を高めることができる。

単語 □取業 就職　□採用 採用　□方式 方式　□多数 多数
　　　□転換하다 切り替える　□유지하다 維持する　□人力 人材
　　　□立場 立場

問題50

【1－2】下線を引いた部分に表れている筆者の態度として適切なものを選びなさい。

1.

　夕方に注文すれば早朝に配送に来るという新概念の配送サービスで消費者の注目を集めた国内スタートアップ企業が大きな反響を得たのをきっかけに、A 大型スーパーはもちろんコンビニからテレビショッピングに至るまで多様な分野の「早朝配送」競争が始まった。

　現代人の忙しい生活パターンに合わせて形を変えた早朝配送システムは、家でクリック一回だけで時間と労働エネルギーが節約できるという点を武器に一気に消費者を魅了した。そのため、国内流通業界の生鮮食品配送競争を皮切りに、各業界の企業がどれだけ早く消費者に商品を届けることができるかに熱を上げている。しかし、国内農畜水産物のオンライン取引の総額が2兆ウォンを超えた現時点で、B むやみに早く配送するシステムは果たして問題点がないのだろうか。

　何より早朝配送の裏にあると指摘されるのは B 宅配ドライバーの労働強度である。配送速度に比例して、宅配ドライバーの苦労もやはり急速に増えている。単に品物を届けることにとどまらず「顧客オーダーメード型」サービスが浮上し、C 配送前の通知メッセージの送付、不在時の宅配配送場所

の通知など速さと丁寧さを同じように充足させなければならないのが実情である。それだけでなく過度な業務割り当てで労働強度まで高まった★今の状況で、どこまで速さを維持しなければならないのかを真剣に考えてみなければならないだろう。

① スタートアップ企業から始まった早朝配送システムの拡散の速さに感心している。
② 国内農畜水産物のオンライン市場の拡大と安定性の保障を強く要求している。
③ 早い配送とともに価格競争力まで備えた配送システムを高く評価している。
④ 早朝配送の普及によって引き起こされた宅配業務の過大な負荷および過熱した競争を憂慮している。

正解 ④

A さまざまな分野で早朝配送が実施されている。
B 早い配送の最大の問題点は宅配ドライバーの労働強度である。
C 以前と比べて宅配ドライバーが気を遣うべき点が非常に多くなった。
→ 筆者は★のようにこのような現状を心配している。したがって、正解は④である。

単語 □배송 配送 □각계 各界 □이면 裏面 □지적하다 指摘する
　　 □비례하다 比例する □충족하다 充足する □부상하다 浮上する

2.
　最近、ファーストフード店で注文を受ける店員の姿が消えた。ファーストフード店だけでなくコンビニ、スーパーでも**A**デジタル無人化システムを導入し、対面接客をしていた多くの店員がその姿を消した。その結果、情報弱者の高齢者がハンバーガーも購入できず帰らなければならないことが発生する状況に至った。
　無人注文機の導入でサービスを提供する会社側は人件費を節減し、消費者は簡単に注文できるようになり、第4次産業革命が始まるように見えた。しかし、**B**新しいデジタル技術に対するアクセシビリティは日常生活でこれを広く活用する若年層に限定され、高齢者をはじめとする社会的疎外階層に

情報の格差が加わるという指摘が増えている。言い換えれば、デジタル無人化システムおよび情報を処理するだけの環境は整っているが、すべての大衆がこれを活用するまでには倍の努力と時間が必要だという意味である。

　C政府は情報格差を漸進的に減らすために情報教育を拡大しようと努力しているが、予算編成などの問題で難航が続いているのが実情である。★しかし、これに届せず無人注文機の前で品物一つを購入することが難しく、引き返す死角地帯（社会弱者層）の暗黒（悲惨な状況）を解消する炎が必要ではないか。デジタル無人化の明暗、無人化システムの普及に歩調を合わせ、必ずすべての階層が新しい時代を迎えることができるよう努力しなければならない。

① デジタル無人化システムの導入強化により、就職市場が冷え込んだことを批判している。
② 情報弱者のためにファーストフード店、マートなどの従業員採用を増やすことを憂慮している。
③ 新しいデジタル技術に慣れていない階層が等しく情報教育を受けられるようになることを奨励している。
④ 今後、政府で推進しようとする情報弱者対象の情報化教育を否定的に評価している。

正解 ③

Aデジタル無人化システムを導入しているところが増えた。
B新しい技術で便利さを感じる若年層とそうでない高齢者層の格差が広がっている。
Cこれを解決しようと政府が努力しているが、容易ではないのが実情である。
→ 筆者はこれに対し、★のように情報教育の必要性を強調し奨励している。したがって、正解は③である。

単語　□도입하다 導入する　□취약하다 脆弱だ、弱い　□계층 階層
　　　□접근성 アクセシビリティ　□소외 疎外　□격차 格差
　　　□가중되다 加重される

表現リスト

●接続語

접속사	예문
게다가	오늘은 아침부터 비가 왔다. 게다가 바람까지 많이 불었다.
과연	광고를 보고 건강식품을 구매했다. 과연 효과가 있을지 모르겠다.
그래도	우리 팀은 발표를 정말 열심히 준비했다. 그래도 좋은 점수를 받지 못했다.
그러나	학비를 모으기 위해 아르바이트를 해야 한다. 그러나 요즘 일자리를 찾기가 힘들다.
그러므로	환경 문제가 갈수록 심해지고 있다. 그러므로 하루빨리 해결 방법을 찾아야 한다.
그런데	유리가 지금 울고 있더라. 그런데 왜 우는 거야?
그럼에도 불구하고	현준 씨는 이번 시험을 잘 못 봤다. 그럼에도 불구하고 시험이 끝났다는 사실이 행복했다.
더불어	그 영화를 보고 많은 감동을 받았다. 더불어 인생에 대해서 많은 것을 배우게 된 계기가 되었다.
또는	지민이는 이번 주말에 집에서 쉴지 또는 친구와 만나서 놀지 고민하였다.
또한	오이는 염분 배출에, 또한 눈의 노화를 방지하는 데도 효과적이다.
만약	만약 내일 비가 온다면 야외 일정은 취소하고 실내에서 행사를 진행하기로 했다.
물론	물론 새로운 기능을 추가할 수는 있지만, 기능이 늘어나는 만큼 상품 가격도 오르게 된다.
반면 (에)	둘은 같은 해에 입사하였지만 한 명은 고속 승진을 한 반면, 다른 한 명은 3년째 승진을 못 하고 있다.
비록	비록 오래되어 볼품없어 보이는 물건일지라도 나에게는 추억이 깃든 소중한 물건이다.
뿐만 아니라	내일부터 열리는 특가 세일에서는 오래된 모델뿐만 아니라 신제품도 할인을 받을 수 있다고 한다.

意味・訳

接続語	例文
そのうえ、さらに	今日は朝から雨が降った。そのうえ、風まで強く吹いた。
やはり、果たして	広告を見て健康食品を購入した。果たして効果があるかわからない。
それでも	うちのチームは発表を本当に熱心に準備した。それでも良い点数を取れなかった。
しかし	学費をためるためにアルバイトをしなければならない。しかし、最近は仕事を探すのが大変だ。
それゆえ、したがって	環境問題が日増しに深刻化している。したがって、一日も早く解決方法を探さなければならない。
ところで、でも	ユリが今泣いていたよ。でも、なんで泣いてるの？
それにもかかわらず	ヒョンジュンさんは今回の試験に失敗した。それにもかかわらず、試験が終わったという事実が幸せだった。
加えて、それと共に	その映画を見てたくさんの感動をもらった。加えて人生について多くのことを学ぶようになったきっかけとなった。
または	ジミンは今週末に家で休むか、または、友達に会って遊ぶか、悩んだ。
また	キュウリは塩分の排出に、また、目の老化を防止するのにも効果的だ。
もし（も）	もし明日雨が降ったら野外の日程は取り消しにして、室内で行事を行うことにした。
もちろん、無論	もちろん新しい機能を追加することはできるが、機能が増えるほど商品の値段も上がることになる。
反面、一方（で）	二人は同じ年に入社したが、一人はとても早く昇進をした一方、もう一人は3年間昇進できていない。
たとえ	たとえ古くて見た目が悪そうに見える物であっても、私には思い出のつまった大切な物である。
だけでなく	明日からの特価セールでは古いモデルだけでなく新製品も割引されるという。

접속사	예문
역시	역시 그는 변호사 출신이라 그런지 아주 논리정연하게 발표를 이끌어갔다.
예컨대	아침 식사 대용으로 많이 먹는 음식들, 예컨대 고구마, 바나나, 우유 등은 공복에 먹지 않는 것이 좋다.
오히려	약을 먹었지만 오히려 증세가 심해져 다시 병원에 가야 했다.
왜냐하면	곰팡이는 여름에 번식하기 쉽다. 왜냐하면 고온 다습한 환경에서 잘 번식하기 때문이다.
이처럼	매일 30분씩 운동한 사람들은 고혈압 증상이 크게 완화되었다. 이처럼 운동을 꾸준히 하는 것이 중요하다.
차라리	차라리 아무 말을 하지 않았으면 좋았을 텐데 거짓말을 해서 일을 더 크게 만들었다.
특히	최근 주가가 대폭 상승하였는데 특히 30대 여성들의 수익률이 높은 것으로 나타났다.
하필	오랜만에 하얀색 바지를 입었는데 하필 소나기가 와서 빗물에 옷이 얼룩져 버렸다.
한편	중부지방은 연일 비가 내리고 있는 한편, 남부 지방은 오늘도 맑은 날이 이어지고 있다.
혹은	1년 혹은 2년쯤 유학을 할 예정이다.

●新聞記事の表現

신문 기사 표현	예문
건지다	소방 대원들의 적절한 대처로 건물 안에 갇혀있던 시민들이 목숨을 건졌다.
껑충	5년 전과 비교하여 수도권의 집값이 5배 이상 껑충 뛴 것으로 나타났다.
뒷전	건물을 빨리 지으려고만 하고 안전은 신경쓰지 않은 채 뒷전인 건축 업체가 늘고 있다.
뚝뚝	오랜 불황으로 하반기 취업률 역시 상반기와 마찬가지로 뚝뚝 떨어졌다.

接続語	例文
やはり	やはり彼は弁護士出身だからか、非常に理路整然と発表をリードしていった。
例えば、 例を挙げると	朝食の代わりによく食べる食べ物、例えばサツマイモ、バナナ、牛乳などは空腹時に食べないほうがよい。
むしろ、かえって	薬を飲んだが、むしろ症状がひどくなり、再び病院に行かなければならなかった。
なぜなら	カビは夏に繁殖しやすい。なぜなら高温多湿な環境でよく繁殖するからである。
このように	毎日30分ずつ運動した人々は高血圧の症状が大幅に緩和された。このように運動を地道にすることが大切である。
いっそ（のこと）	いっそ何も言わなければよかったのに、嘘をついて事をさらに大きくした。
特に	最近株価が大幅に上昇したが、特に30代女性の収益率が高いことがわかった。
よりによって	久しぶりに白いズボンをはいたが、よりによってにわか雨が降って雨水で服にシミができてしまった。
一方（で）	中部地方は連日雨が降っている一方、南部地方は今日も晴れの日が続いている。
あるいは	1年、あるいは、2年くらい留学する予定である。

意味・訳

新聞記事の表現	例文
救い出す	消防隊員たちの適切な対処で、建物の中に閉じ込められていた市民たちが救助された。
ぐっと （跳ね上がるさま）	5年前と比べて首都圏の住宅価格が5倍以上ぐっと跳ね上がったことがわかった。
後回し、二の次	建物を早く建てようとして、安全には留意せず二の次にする建築業者が増えている。
ガクンと （物や物価、成績などが 著しく落ちるさま）	長年の不況で下半期の就業率も上半期と同様にガクンと落ちた。

신문 기사 표현	예문
몸살 앓다	출퇴근 시간마다 몸살을 앓고 있는 서울 시내 도로를 파악한 후, 교통량 분배를 위한 대책안을 마련할 예정이다.
미지수	거센 태풍으로 내일 비행기가 이륙할 수 있을지 미지수이다.
봄바람	3년만에 무역 흑자로 전환되면서 제조업계의 새로운 봄바람이 불고 있다.
불 붙다	각 기업들은 SNS 유명인을 자사 광고 모델로 선점하기 위한 경쟁에 불이 붙었다.
빨간 불	과도한 당분 섭취로 건강에 빨간 불이 켜지기 전에 운동을 열심히 해야 한다.
성큼	가전제품에도 다양한 인공지능이 도입되면서 AI와 일상을 함께하는 세상이 성큼 앞으로 다가왔다.
쑥쑥	그 식당은 동네 주민들만 아는 곳이었지만 방송에 소개된 이후 매출이 쑥쑥 늘었다.
오락가락	요즘 비가 오락가락하는 날씨가 이어지고 있다.
웃다	여름 성수기 이후, 화창한 가을 날씨가 이어져 여행객이 급증함에 따라 여행 업계의 웃음이 이어지고 있다.
웃음 가득	피아니스트의 공연에 만족한 관객들의 얼굴에 웃음이 가득했다.
제자리걸음	가뭄이 이어져 급격히 상승한 채소 값은 이번주에도 떨어지지 않고 계속 제자리걸음이다.
줄 잇다	새로 발급된 교통카드의 오류가 다수 발생하면서 재발급 요청이 줄이어 잇따르고 있다.
청신호	신도시 개발이 급증하면서 대형 건설사들의 3분기 실적 전망도 청신호로 보여진다.
침묵 깨다	표절 의혹에 대해 어떤 대응도 하지 않았던 유명 작곡가가 오랜 침묵을 깨고 기자회견을 열었다.
톡톡	폭염주의보 알림 서비스는 시민들의 안전 지킴이로서 역할을 톡톡히 하고 있다.

新聞記事の表現	例文
ひどく悩まされる、ひどい状態である	通勤時間ごとにひどく混雑しているソウル市内の道路を把握した後、交通量分配のための対策を練る予定である。
未知数 （予想がつかないこと）	激しい台風で明日飛行機が離陸できるかどうかは未知数だ。
春風 （良い兆しのこと）	3年ぶりに貿易黒字に転換し、製造業界の新しい春風が吹いている（良い兆しが見えている）。
火がつく （拍車がかかる）	各企業は、SNSの有名人を自社広告モデルとして先に獲得するための競争が激しくなった。
赤信号 （危険なしるし）	過度な糖分摂取で健康に赤信号がつく前に頑張って運動しなければならない。
急に （ある時期が急に近づくさま）	家電製品にも様々な人工知能が導入され、AIと日常を共にする世界が急に近づいてきた。
ぐんぐん	その食堂は町の住民だけが知っているところだったが、テレビで紹介されてから売り上げがぐんぐん伸びた。
降ったり止んだり （はっきりしないさま）	最近、雨が降ったり止んだりと、はっきりしない天気が続いている。
笑う	夏の繁忙期以降、のどかな秋の天気が続き、旅行客が急増するにつれ、旅行業界の笑い（が止まらない状況）が続いている。
満面の笑み	ピアニストの公演に満足した観客は笑顔を浮かべていた。
足踏み状態、横ばい状態	日照りが続いて急激に上昇した野菜価格は今週も下がらず、引き続き横ばいの状態である。
相次ぐ	新たに発給された交通カードのエラーが多数発生し、再発給要請が相次いでいる。
青信号 （好調な兆し）	新都市開発が急増し、大手建設会社各社の第3四半期の業績見通しも好調が見込まれる。
沈黙を破る	盗作疑惑に対して何の対応もしなかった有名な作曲家が長い沈黙を破り、記者会見を開いた。
きちんと、ちゃんと （果たす、こなす）	猛暑注意報通知サービスは、市民の安全見守りサービスとしての役割をきちんと果たしている。

表現リスト

219

신문 기사 표현	예문
폭발	이 아이돌의 새 곡이 세계 각지의 음악 순위에서 1위를 차지하며 폭발적인 인기를 끌고 있다.
한숨	예년보다 길어진 장마와 가뭄으로 인해 농산물 수확이 힘들어진 농민들의 한숨이 끊이질 않는다.
훨훨 날다	국내 유명 제약회사에서 개발된 신약의 수출이 급증하여 해외 매출이 훨훨 날고 있다.

●慣用表現

관용표현	예문
가슴을 치다	너, 그 사람을 놓치면 나중에 가슴을 치고 후회할 거야. 지금 연락해 봐.
고개를 숙이다	사장은 회사에 문제가 발생한 것에 대해 죄송하다며 직원들에게 고개를 숙였다.
골치가 아프다	요즘 나는 진로, 인간관계, 학교생활 등 걱정거리가 너무 많아서 골치가 아프다.
귀가 솔깃하다	친구는 좋아하는 배우가 나온다는 말에 귀가 솔깃하여 연극을 보러 갔다.
귀를 기울이다	부모님 말씀에 귀를 기울이지 않고 마음대로 행동한 것을 후회한다.
눈치가 빠르다	하늘 씨는 눈치가 빨라서 다른 사람의 기분이나 상황의 분위기를 빠르게 파악한다.
눈코 뜰 사이가 없다	연말이면 직장인들은 정리해야 하는 업무가 많아서 눈코 뜰 사이가 없이 바쁘다.
담을 쌓다	요즘은 같은 건물에 살아도 이웃과 인사도 하지 않고 담을 쌓은 사람이 많다.
머리를 맞대다	지금은 다 같이 모여서 머리를 맞대고 해결 방법을 찾는 것이 중요하다.
머리를 식히다	이번 방학에는 머리를 식히기 위해 가까운 곳이라도 여행을 다녀오려고 한다.
못을 박다	동료에게 다시는 상황을 불편하게 만드는 말을 하지 말라고 못을 박아 이야기했다.

新聞記事の表現	例文
爆発	このアイドルの新曲が世界各地の音楽ランキングで1位を占め、爆発的な人気を集めている。
ため息 （心配の意味）	例年より長くなった梅雨と日照りによって農産物の収穫が難しくなった農民の心配は絶えない。
ひらひらと飛ぶ （右肩上がりなさま）	国内の有名製薬会社で開発された新薬の輸出が急増し、海外の売上が非常に好調である。

意味・訳

慣用表現	例文
胸を叩く （悔しがる）	お前、その人を逃してしまったら、後で悔しがって後悔をすると思うよ。今すぐに、連絡してみて。
頭を下げる	社長は、「会社に問題が発生したことについて申し訳ない」と言い、社員たちに頭を下げた。
頭が痛い	最近私は進路、人間関係、学校生活など心配事が多すぎて頭が痛い。
心が引かれる	友達は好きな俳優が出るという話に心が引かれ、演劇を見に行った。
耳を傾ける	両親の言葉に耳を傾けず、勝手に行動したことを後悔する。
気が利く	ハヌル氏は気が利くので、他人の気持ちや状況の雰囲気を素早く把握する。
目が回るほど忙しい	年末になると、会社員は処理しなければならない業務が多くて目が回るほど忙しい。
塀を築く （関係を断つ）	最近は、同じ建物に住んでも隣人と挨拶もせずに関係を断つ人が多い。
頭を寄せ合う （人が集まって話し合う）	今は皆が集まって、顔を寄せ合って解決方法を探すことが重要である。
頭を冷やす、 頭を休める	今度の休みには頭を休めるために、近場にでも旅行に行って来ようと思っている。
釘を打つ （念を押す）	同僚に二度とその場を気まずくさせるようなことを言わないようにと念を押して言った。

221

관용표현	예문
발걸음을 맞추다	나는 미선 씨와 같은 회사에서 오랜 시간 동안 발걸음을 맞추며 함께 해 왔다.
발목을 잡다	외국어 시험 점수가 합격에 발목을 잡았다.
발을 빼다	일이 잘 안 풀리자 상사는 모든 책임을 부하들에게 떠넘기며 교묘하게 발을 뺐다.
비행기를 태우다	그는 항상 사장에게 듣기 좋은 말만 하며 비행기를 태운다.
손을 떼다	이 기업은 음향기기 산업에서 손을 떼고 컴퓨터 부품 개발에 집중할 계획이다.
시치미를 떼다	동생은 그릇을 깨 놓고 엄마에게 혼이 날까 봐 모르는 일인 것처럼 시치미를 뗐다.
앞뒤를 가리다	앞뒤를 가리지 않고 일단 일을 밀어붙이는 상사 때문에 부하 직원들이 힘들어하고 있다.
앞뒤를 재다	완벽한 배우자를 찾고자 이것저것 앞뒤를 재다 보니 좀처럼 마음에 드는 상대를 만나기가 힘들다.
열을 올리다	국내 식품 업계는 새로운 수출 시장을 개척하고자 열을 올리고 있다.
이를 갈다	막무가내로 월세를 올리는 건물주의 횡포에 상인들은 이를 갈며 분노하였다.
입을 모으다	재판에 소환된 증인들은 모두 입을 모아 그가 범인이라고 말했다.
진땀을 빼다 / 흘리다	더운 날씨에 소나기까지 내려 수해 복구 작업에 진땀을 뺐다.
콧대가 높다	인성, 외모, 학벌까지 무엇하나 빠지는 것이 없으니 콧대가 높을만 하다.
허리띠를 졸라매다	가난한 농가에서 자식을 넷이나 키우기 위해 부모님은 허리띠를 졸라매고 검소한 생활을 이어가셨다.

慣用表現	例文
足並みをそろえる	私はミソンさんと同じ会社で長い間歩調を合わせて一緒にやってきた。
足首をつかむ （足を引っ張る）	外国語試験の点数が合格の足かせとなった。
足を抜く （身を引く）	事がうまく行かないとわかったとたん、上司はすべての責任を部下に押し付け、巧妙にその件から抜けた。
飛行機に乗せる （おだてる、お世辞を言う）	彼はいつも社長にお世辞ばかり言っておだてる。
手を引く	同社は音響機器産業から手を引いてコンピューター部品の開発に注力する計画である。
しらを切る、 とぼける	弟は器を割ったくせに、母に怒られるのを怖がって、（まるで）何も知らないかのように、とぼけていた。
前後を選ぶ （否定の形で、自分のことしか考えずに）	自分のことしか考えず、とりあえず仕事を押し進める上司のせいで、部下たちが苦しんでいる。
前後を測る （自分の損得を考える）	完璧な配偶者を探すためにあれこれ損得を考えていたら、なかなか気に入る相手に出会うのが難しい。
熱を上げる （力を注ぐ、精を出す、拍車をかける）	国内食品業界は新しい輸出市場を開拓しようと力を注いでいる。
歯ぎしりをする （悔しがる）	強引に家賃を上げる建物のオーナーの横暴に商人たちは悔しがって、激怒した。
口をそろえる	裁判に召喚された証人たちは皆口をそろえて、彼が犯人だと言った。
脂汗を流す／大汗をかく （汗水を流す）	気温が高い上ににわか雨まで降る中、水害の復旧作業に汗水を流した。
鼻っ柱が高い （高慢だ）	人間性、外見、学歴に至るまで、何一つ欠点がないので高慢なのも理解できる。
帯を締める （財布の紐を締める）	貧しい農家で子供を4人も育てるため、両親は財布の紐を締めて質素な生活を続けた。

●感情を表す形容詞

감정 형용사	예문
감격스럽다	열심히 고생하면서 준비했던 경기에서 우승을 하게 되어 감격스럽습니다.
걱정스럽다	미선 씨는 외국으로 딸을 혼자 유학을 보내기가 걱정스러웠다.
곤란하다	면접 준비를 할 때 대답하기 곤란한 질문에 대해서도 미리 준비를 해야 한다.
난처하다	가족 행사와 친구의 결혼식이 같은 날짜여서 난처하게 되었다.
놀랍다	지난 주말에 다녀온 콘서트에서 가수들이 정말 놀라운 무대를 보여줬다.
답답하다	마음이 답답할 때는 잠깐 바람이라도 쐬고 오는 것이 좋다.
당황스럽다	갑자기 예상치 못한 해고 통보를 받아서 당황스러웠다.
부끄럽다	많은 사람들 앞에서 발표를 하는 중에 실수를 해서 너무 부끄러웠다.
부담스럽다	옷가게에서 편하게 구경하고 싶은데 직원이 자꾸 따라다녀서 부담스러웠다.
불만스럽다	우진 씨는 이번에 회사에서 승진을 못하게 되었는지 불만스러운 얼굴을 하고 있다.
불안하다	시험에서 또 떨어질까봐 불안했다.
서운하다	가족들이 내 말을 믿어 주지 않아서 정말 서운했다.
섭섭하다	친구가 모처럼 내가 사는 지역에 출장을 왔는데 아무 말 없이 돌아가서 섭섭했다.
속상하다	진심으로 그녀를 사랑하는데 그녀는 내 마음을 알아주지 않아서 속상하다.
실망스럽다	기대가 큰 전시였는데 막상 가보니 그다지 좋은 작품이 없어서 실망스러웠다.
안타깝다	장래가 유망한 선수였는데 부상으로 선수 생활을 접어야 한다니 매우 안타깝다.

224

感情を表す形容詞	例文
感激（的）だ	一生懸命苦労しながら準備してきた試合で優勝できて感激です。
心配だ	ミソンさんは、外国に娘を一人で留学させるのが心配だった。
困る	面接の準備をする時、答えに困る質問に対してもあらかじめ準備をしなければならない。
困る、立場が苦しい	家族行事と友人の結婚式が同じ日だったので、困ってしまった。
驚くべきだ	先週末に行ったコンサートで歌手たちが本当に驚くべき舞台を見せてくれた。
重苦しい、もどかしい	気分が重い時は、ちょっと気分転換しに出かけてきたほうがよい。
慌てる、うろたえる	突然予想していなかった（予想外の）解雇通知を受けてうろたえていた。
恥ずかしい	大勢の人前での発表中にミスをして、とても恥ずかしかった。
負担感がある	洋服屋で気楽に見たいのに、店員がずっとついてきてプレッシャーに感じた。
不満げだ	ウジンさんは今回、会社で昇進できなくなったのか、不満げな顔をしている。
不安だ	試験でまた落ちるのではないかと不安だった。
悔しい、寂しい	家族が私の話を信じてくれなくて本当に悔しかった。
寂しい	友人が久しぶりに私の住んでいる地域に出張に来たのに、何も言わずに帰って寂しかった。
心が痛む	心から彼女を愛しているのに、彼女は私の気持ちをわかってくれなくて、心が痛む。
がっかりする	期待が大きい展示だったが、実際に行ってみるとあまり良い作品がなくて、がっかりした。
残念だ	将来が有望な選手だったのに怪我で選手生活を終えなければならないなんて、とても残念である。

表現リスト

감정 형용사	예문
억울하다	단 한 번도 그를 욕한 적이 없는데 내가 그를 욕했다는 소문이 돌아서 너무 억울하다.
의심스럽다	시험 시간 중에 부정행위로 생각되는 의심스러운 행동을 하면 바로 0점 처리됩니다.
자랑스럽다	피나는 노력 끝에 합창대회에서 우승한 우리 반 학생들이 진심으로 자랑스럽다.
조급하다	인생을 살아가며 늦었다고 생각할 때일수록 조급해하지 말고 나를 돌아봐야 한다.
죄송스럽다	수험 생활에 보태라며 매달 생활비를 보내주시는 부모님께 너무 죄송스럽다.
짜증스럽다	내가 쓴 보고서를 집요하게 하나하나 지적하는 상사의 말투가 짜증스러웠다.
허전하다	자식들이 모두 독립하여 큰 집에 혼자 남으니 허전한 마음뿐이었다.
허탈하다	평생을 일해 온 회사에 한순간에 정리해고를 당하니 너무나도 허탈하였다.
혼란스럽다	과장님은 이 일을 하라고 하고, 부장님은 하지 말라고 하니 혼란스러울 따름이다.
후회스럽다	부모님께 감사한 마음을 조금 더 자주 전해드리지 못한 것이 후회스럽다.
흡족하다	그는 자신이 완성한 꽃다발을 보고 아주 마음에 든다는 듯 미소를 지으며 흡족해했다.

●人物の態度に関連した表現

인물의 태도	예문
가정하다	우리는 비가 올 상황을 가정해 실내 프로그램을 계획했다.
감탄하다	팀장님의 뛰어난 아이디어에 회의실 안에 있던 모든 사람들이 감탄하며 박수를 쳤다.
강조하다	어머니께서는 어렸을 때부터 긍정적인 사고방식이 제일 중요하다고 강조하셨다.

感情を表す形容詞	例文
悔しい	一度も彼の悪口を言ったことがないのに、私が彼の悪口を言ったという噂が広まって、とても悔しい。
疑わしい	試験時間中に不正行為と思われる疑わしい行動をすると、その場で0点処理されます。
誇りに思う	血のにじむような努力の末、合唱大会で優勝したうちのクラスの生徒たちを心から誇りに思う。
焦る	人生を生きていく中で、遅れたと思う時こそ焦らず、自分を振り返ってみなければならない。
申し訳ない、恐れ多い	受験生活に役に立ててと毎月生活費を送ってくれる両親に申し訳ない。
いらいらしい	私が書いた報告書をしつこく一つ一つ指摘する上司の話し方にいらいらした。
寂しい、物足りない	子供たちが皆独立し、大きな家に一人で残ると寂しい気持ちだけだった。
虚しい	一生働いてきた会社に一瞬にしてリストラされて、あまりにも虚しかった。
混乱している（ようだ）	課長はこの仕事をしろと言い、部長はするなと言うから混乱するばかりだ。
悔やまれる	両親に感謝の気持ちをもっとまめに伝えられなかったことが悔やまれる。
満足する	彼は自分が仕上げた花束を見て、とても気に入ったように微笑みながら、満足していた。

意味・訳

人物の態度	例文
仮定する	我々は雨が降る状況を想定して屋内プログラムを計画した。
感嘆する、感心する	チーム長の優れたアイデアに会議室の中にいた全員が感心して拍手をした。
強調する	母親は幼い頃から肯定的な考え方が一番重要だと強調した。

인물의 태도	예문
걱정하다	가족들은 내가 해외에서 홀로 유학 생활을 잘 할 수 있을지 걱정했다.
경계하다	어두운 밤에 운전할 때는 특히 사고가 나지 않도록 평소보다 더 경계해야 한다.
고민하다	대학을 졸업한 후에 대학원에 진학할지 취업을 준비할지 고민하고 있다.
공감하다	내 이야기를 듣고 고개를 끄덕이며 공감을 표현하는 친구도 있었지만 공감하지 않는 듯 고개를 가로젓는 친구들도 있었다.
기대하다	2년 만에 가족들이 모두 모여 가는 해외여행이어서 모두들 기대하고 있다.
동정하다	텔레비전 프로그램에 나오는 형편이 어려운 사람들을 동정하며 적은 돈이지만 바로 기부금을 보냈다.
비판하다	언론은 사회 계층 간 경제적 격차를 야기시킬 수 있는 정부의 새 정책을 비판했다.
염려하다	어떤 일이든 부정적인 측면만 생각하고 염려하다 보면 아무것도 이룰 수 없다.
예상하다	고등학교 교사들은 이번 수능 시험이 작년에 비해서 더 어려울 것으로 예상하고 있다.
예측하다	요즘 경제 상황은 다양한 변화로 인하여 갈수록 예측하기 어려워지고 있다.
옹호하다	모두가 그를 비판했지만 그의 부인은 남편을 옹호했다.
요구하다	학생들은 학교 도서관에 한 번에 대출할 수 있는 권수를 늘려 달라고 요구했다.
요청하다	학생들은 도서관에 무인반납함 설치를 요청하였다.
우려하다	전문가들은 급격한 물가 상승으로 인해 경제 위기가 다가오는 것을 우려하고 있다.
인정하다	친구에게 실수를 했을 때 자신의 잘못을 인정하지 않으면 그 사람과의 관계를 회복하기 어렵다.
전망하다	패션 업계에서는 내년에 긴 치마와 원피스가 유행할 것이라고 전망하였다.

人物の態度	例文
心配する	家族は私が海外で一人で留学生活がうまくできるかを心配した。
警戒する	暗い夜に運転する時は、特に事故が起きないように普段よりさらに警戒しなければならない。
悩む	大学を卒業した後に大学院に進学するか、就職準備をするか悩んでいる。
共感する	私の話を聞いてうなずきながら共感を示す友達もいたが、共感していないことを示すように首を横に振った友達もいた。
期待する	2年ぶりに家族全員が集まって行く海外旅行なので、皆期待している。
同情する	テレビ番組に出た貧しい人々に同情し、わずかなお金だがすぐに寄付金を送金した。
批判する	マスコミは社会階層間の経済格差を招きかねない政府の新しい政策を批判した。
懸念する	どんなことでも否定的な側面だけを考えて心配していたら何事も成し遂げられない。
予想する	高校の教師たちは、今回の修能試験（大学入学試験）が昨年に比べ、さらに難しいと予想している。
予測する	最近の経済状況は多様な変化により、ますます予測しにくくなっている。
擁護する、かばう	誰もが彼を批判したが、彼の妻は夫を擁護した。
要求する	学生たちは学校の図書館に一度に貸し出しできる冊数を増やすよう要求した。
要請する	学生たちは図書館に（無人）返却ポストの設置を要請した。
懸念する、心配する	専門家たちは急激な物価上昇によって経済危機が近づくことを懸念している。
認める	友達に対し過ちを犯した時、自分の過ちを認めなければ、その人との関係を回復することは難しい。
見通す、予測する	ファッション業界では、来年は長いスカートとワンピースが流行ると予測している。

表現リスト

인물의 태도	예문
제안하다	이번 프로젝트에 적합한 직원을 새로 뽑자고 제안했다.
주장하다	토론이 끝났는데도 두 사람은 서로 자신의 의견이 맞다고 주장하고 있다.
지적하다	다른 사람을 지적하는 것은 쉬운 일이지만 타인의 지적을 받아들이는 일은 매우 어렵다.
평가하다	어떤 사람의 외모만 보고 그 사람의 모든 것을 평가하면 안 된다.
회의적이다	이번 사업에 대해 회의적인 태도를 가진 사람들은 끝까지 사업의 진행을 반대하였다.
고무적이다	기업들은 공개 채용에서 상시 채용으로 전환되는 흐름에 매우 고무적인 태도를 보였다.

人物の態度	例文
提案する	今回のプロジェクトに適した職員を新たに採用しようと提案した。
主張する	討論が終わっても、2人はともに自分の意見が正しいと主張している。
指摘する	他人のことを指摘するのは簡単なことだが、他人の指摘を受け入れることは非常に難しい。
評価する	ある人の外見だけを見て、その人のすべてを評価してはいけない。
懐疑的だ	今回の事業に対し、懐疑的な態度を取った人たちは最後まで事業を進めるのに反対した。
鼓舞的だ （元気づけ励ますこと）	企業側は公開採用（定期採用）から常時採用へ変わっていく流れに対し、非常に歓迎する態度を見せた。

表現リスト

著者
イ・ヒョンジ、キム・リナ

日本語翻訳
モク・ジュンス

よくわかる 韓国語能力試験 TOPIK II 読解 テキスト

2023 年 4 月 28 日　初版第 1 刷発行

著　者　　イ・ヒョンジ、キム・リナ
発行者　　藤嵜政子
発　行　　株式会社スリーエーネットワーク
　　　　　〒102-0083　東京都千代田区麹町 3 丁目 4 番
　　　　　　　　　　　トラスティ麹町ビル 2 F
　　　　　電話　営業　03（5275）2722
　　　　　　　　編集　03（5275）2725
　　　　　https://www.3anet.co.jp/
印　刷　　萩原印刷株式会社

ISBN978-4-88319-919-8　C0087